本学术著作获辽宁科技大学优秀学术著作出版基金资助

本学术著作获教育部产学合作协同育人项目(刑事法律专业教师文书规范化师资培训)基金资助

关于被害人的刑事控告法律文书规范化指引

蒋　喆◎著

湘潭大学出版社
XIANGTAN UNIVERSITY PRESS

图书在版编目（CIP）数据

关于被害人的刑事控告法律文书规范化指引 / 蒋喆著. -- 湘潭 : 湘潭大学出版社, 2023.5
ISBN 978-7-5687-1149-4

Ⅰ. ①关… Ⅱ. ①蒋… Ⅲ. ①被害人—刑事诉讼—法律文书—写作—中国 Ⅳ. ① D926.13

中国国家版本馆 CIP 数据核字（2023）第 122571 号

关于被害人的刑事控告法律文书规范化指引

GUANYU BEIHAIREN DE XINGSHI KONGGAO FALÜ WENSHU GUIFANHUA ZHIYIN

蒋喆 著

责任编辑：夏　露　刘文情
封面设计：夏茜旸
出版发行：湘潭大学出版社
社　　址：湖南省湘潭大学工程训练大楼
电　　话：0731-58298960 0731-58298966（传真）
邮　　编：411105
网　　址：http://press.xtu.edu.cn/
印　　刷：长沙鸿和印务有限公司
经　　销：湖南省新华书店
开　　本：710 mm×1000 mm 1/16
印　　张：11
字　　数：170 千字
版　　次：2023 年 5 月第 1 版
印　　次：2023 年 5 月第 1 次印刷
书　　号：ISBN 978-7-5687-1149-4
定　　价：58.00 元

作者简介

蒋喆、中共党员，男，1975年7月9日生，籍贯河北沧州，辽宁大学研究生学历，博士研究生学位（竞争法方向），硕士生导师，现任辽宁科技大学法律系主任，研究领域刑事法律、竞争法。

序

习近平总书记在党的二十大报告明确提出："深化司法体制综合配套改革，全面准确落实司法责任制，加快建设公正高效权威的社会主义司法制度，努力让人民群众在每一个司法案件中感受到公平正义"。在传统的刑事案件中，律师多以辩护人身份参与。随着社会发展，在新的时代背景下，刑事案件中被害人利益的保护日益受到关注，被害人的刑事代理业务也越来越成为一个重要的业务方向。

被害人的诉讼代理人并不具有辩护人的全部权利。刑事案件可能存在被害人利益得不到充分保护的情况。例如：因证据不充分不能对被告人施予准确的处罚、不能挽回被害人的财产等损失，在某种程度上是对被害人的二次伤害。因此，被害人的刑事代理具有展现的舞台。由于刑事代理业务不常见于刑事案件律师的业务中，很多律师对其熟悉程度远不如刑事辩护业务。对于初步刑事案件业务的律师而言，部分律师不知如何在刑事代理中充分行使代理权，不知如何与司法机关进行有效沟通，所以如何书写相关的文书材料成为一个亟待解决的难题。

本着对刑事业务的热爱，为了提高刑事代理业务的整体水平，更好地与同行亲切交流，进一步提升刑事律师服务质量，与律师同仁共同为促进法治建设尽一份力量，本人撰写了这本书。相信此书会成为刑事法律专业教师进行法律文书教学的有益参考之一。

刑事代理业务作为一个新兴的服务领域，其文书的书写具有挑战性。本书作为刑事控告法律文书的一种探索，必有欠考虑之处，望不吝赐教！

蒋 喆

2023年2月

目录

第一章 与当事人沟通系列

第一节 接案登记表

一、基础知识

(一)法律依据

《公安机关办理刑事案件程序规定》**第一百六十九条** 公安机关对于公民扭送、报案、控告、举报或者犯罪嫌疑人自首的,都应当立即接受,问明情况,并制作笔录,经核对无误后,由扭送人、报案人、控告人、举报人、投案人签名、捺指印。必要时,应当对接受过程录音录像。

(二)使用说明

记录简要案情或者报案记录(发案时间、地点、简要过程、涉案人基本情况、受害情况等)以及是否接受证据。受理刑事案件登记表是公安机关在接受公民报案、控告、举报或犯罪嫌疑人自首时制作的法律文书。它是在报案笔录或者报案人的书面材料基础上填写的,是公安机关接受刑事案件的法定证明文书,也是进一步审查确定是否立案的依据之一。

二、接案登记表

接案登记表

年　月　日

案件名称					
案件类型	□侵害国家利益 □人身损害 □侵害财产 □其他				
日期		填表人		约见时间	

续表

<table>
<tr><td>来访者姓名</td><td colspan="2"></td><td colspan="2">联系方式</td><td></td></tr>
<tr><td>被害者姓名</td><td colspan="2"></td><td colspan="2">与来访者关系</td><td></td></tr>
<tr><td>本次来访目的</td><td colspan="2"></td><td colspan="2">会谈持续时间</td><td></td></tr>
<tr><td>对团队/律所/律师了解的途径</td><td colspan="5">□网站　□自媒体　□亲友同事　□其他案件当事人　□其他</td></tr>
<tr><td>接待律师</td><td colspan="2"></td><td colspan="2">跟进律师</td><td></td></tr>
<tr><td>对律师选择标准</td><td colspan="5"></td></tr>
<tr><td>是否委托</td><td>□是　□否</td><td colspan="3">是否出具服务方案</td><td>□是　□否</td></tr>
<tr><td rowspan="2">未签订委托代理合同原因</td><td>观望比较中</td><td colspan="2">□是　□否</td><td>代理费分歧</td><td>□是　□否</td></tr>
<tr><td>咨询为主</td><td colspan="2">□是　□否</td><td>其他原因</td><td></td></tr>
<tr><td colspan="6">基本案情</td></tr>
<tr><td>涉嫌罪名</td><td colspan="3"></td><td>案件所处阶段</td><td></td></tr>
<tr><td>被害人请求</td><td colspan="3"></td><td>承办单位</td><td></td></tr>
<tr><td>承办人</td><td colspan="2"></td><td colspan="2">承办人联系方式</td><td></td></tr>
<tr><td>有无批捕/起诉/开庭</td><td colspan="2">□有　□无</td><td colspan="2">是否被羁押</td><td>□有　□无</td></tr>
<tr><td>有无其他律师介入</td><td colspan="2">□有　□无</td><td colspan="2">有无相关案卷材料</td><td>□有　□无</td></tr>
<tr><td>授权委托手续资料准备情况</td><td colspan="5">□身份证　□户口本　□结婚证　□其他</td></tr>
</table>

第二节　受案登记表

一、基础知识

(一)法律依据

《中华人民共和国刑事诉讼法》[①]**第一百零九条** 公安机关或者人民检察院发现犯罪事实或者犯罪嫌疑人,应当按照管辖范围,立案侦查。

(二)适用情况

受案登记的必须经过初步审查,以确保符合规定的受理立案条件,并且需

①《中华人民共和国共和国刑事诉讼法》为2018年修正。

要根据不同案件类型对应的民事、刑事或行政诉讼法律法规进行处理。

(三)使用说明

公安机关对报案、控告、举报、群众扭送或者违法嫌疑人投案,以及其他行政主管部门、司法机关移送的案件,应当及时受理,进行登记,并作出处理。

二、受案登记表

受案登记表

年 月 日

控告人/被害人信息			
企业名称		企业代码	
法定代表人姓名		性别	□男 □女
证件类型	□身份证 □护照 □港澳台身份 □军人证件 □其他		
证件号码		联系方式	
住址			

犯罪嫌疑人信息			
企业名称		企业代码	
法定代表人姓名		性 别	
证件类型	□身份证 □护照 □港澳台身份 □军人证件 □其他		
证件号码		联系方式	
住址			

受案律师信息			
主办律师		执业证号	
协办律师1		执业证号	
协办律师2		执业证号	
协办律师3		执业证号	

案 件 信 息	
案号	
案由	
案件类型	□侵害国家利益 □人身损害 □侵害财产 □其他
被害人基本诉求	

续表

案件所处阶段	□未立案 □侦查阶段 □审查起诉 □审判阶段 □执行阶段		
受案合同号		合同签订日期	
备注			
受案OA号		平台项目号	
律师费缴纳情况	合同金额	已缴纳	未缴纳
具体金额			
费用具体情况说明			
特殊情况	□法定减免律师费的案件 □酌定减免律师费的案件		
所函开具情况	□已开 □未开	增值税发票开具情况	□已开 □未开
基本材料暂缺情况			
其他备注			

第三节 首次接待笔录

一、基础知识

(一)法律依据

《中华人民共和国律师法》第二十八条 律师可以从事下列业务:

1.接受自然人、法人或者其他组织的委托,担任法律顾问;

2.接受民事案件、行政案件当事人的委托,担任代理人,参加诉讼;

3.接受刑事案件犯罪嫌疑人、被告人的委托或者依法接受法律援助机构的指派,担任辩护人,接受自诉案件自诉人、公诉案件被害人或者其近亲属的委托,担任代理人,参加诉讼;

4.接受委托,代理各类诉讼案件的申诉;

5.接受委托,参加调解、仲裁活动;

6.接受委托,提供非诉讼法律服务;

7.解答有关法律的询问、代写诉讼文书和有关法律事务的其他文书。

最高人民法院关于适用《中华人民共和国刑事诉讼法》的解释(2021)第六十四条 诉讼代理人有权根据事实和法律,维护被害人、自诉人或者附带民事诉讼当事人的诉讼权利和其他合法权益。

(二)适用情况

第一次接待当事人。

(三)使用说明

1.对于初次见面的当事人主动出示自己的律师证件,并对自己和团队做出简要的介绍;

2.了解基本案情,根据当事人的陈述,遇到重点问题时要详细询问,也要保证当事人陈述的完整性,对案件做出简洁准确的定性;

3.根据案件信息,发挥专业优势,结合过往经验,将本案的逻辑图画出来,对案件进行充分的评判,穷尽案件的各种可能;

4.针对案件及预测,形成专业的法律服务方案,明确案件的总目标,讲清楚这个案件是什么样、会怎么样、要怎么做、当事人要提供什么、如何配合等。例如:该案的定性是否为刑事案件、属于哪种刑事案件、构成犯罪的要件是否符合、控告人是否能得到赔偿、被告人量刑可能是多少、当事人还需要准备哪些材料、如何准备等;

5.详细记录当事人的情况、观点与想法,充分理解当事人真正的诉求;

6.将与当事人的谈话内容全部记录到下表(首次接待笔录)具体内容中;

7.关于律师服务收费的部分建议:

(1)符合《中华人民共和国律师法》的要求;

(2)符合本地律师收费的相关规定以及本律所对于律师收费的要求;

(3)律师的资深程度;

(4)案件涉及阶段(侦查、审查起诉、一审、二审、执行)、控告人数、案卷数量、罪名数等;

(5)当事人的要求,如出具案件材料数量、赔偿难度等。

二、首次接待笔录

首次接待笔录

接（　　）号

企业名称		企业代码	
被接待人姓名		性别	□男　□女

续表

证件号码		联系方式	
住址			
接待时长		接待地点	
接待律师		记录人	
律师费报价		是否成案	
律师自我简介/律师团队介绍			
当事人对基本案情的陈述			
律师对于基本案情的提问			
律师对于案件的基本分析及建议			
案件逻辑图			
笔录具体内容			

第四节 立案前接待笔录

一、基础知识

(一)法律依据

《公安机关办理刑事案件程序规定》第十五条 刑事案件由犯罪地的公安机关管辖。如果由犯罪嫌疑人居住地的公安机关管辖更为适宜的,可以由犯罪嫌疑人居住地的公安机关管辖。

法律、司法解释或者其他规范性文件对有关犯罪案件的管辖作出特别规定的,从其规定。

犯罪地包括犯罪行为发生地和犯罪结果发生地。犯罪行为发生地,包括犯罪行为的实施地以及预备地、开始地、途经地、结束地等与犯罪行为有关的地点,犯罪行为有连续、持续或者继续状态的,犯罪行为连续、持续或者继续实施的地方都属于犯罪行为发生地;犯罪结果发生地,包括犯罪对象被侵害地、犯罪所得的实际取得地、藏匿地、转移地、使用地、销售地。

居住地包括户籍所在地、经常居住地。经常居住地是指公民离开户籍所在地最后连续居住一年以上的地方,但住院就医的除外。单位登记的住所地为其居住地。主要营业地或者主要办事机构所在地与登记的住所地不一致的，主要营业地或者主要办事机构所在地为其居住地。

（二）适用范围

向公安机关报案前的准备。

（三）使用说明

1.报案时应当提供以下材料

（1）身份证明材料：个人报案的，请提供身份证、护照等有效身份证明文件及复印件；单位报案的，请提供营业执照、组织机构代码证等单位信息证明文件及复印件，以及单位法定代表人的授权委托书；受委托人必须是了解案件情况的公司负责人或案件直接当事人；

（2）报案材料：请写明控告案情的基本情况，包括发生的时间、地点、过程、后果和涉案企业、人员的基本情况，报案材料须有单位的印章和报案人的签名；

（3）基本证据材料：在控告经济犯罪时，报案人应当提供基本的证据材料原件和复印件，并在复印件上写明“本件由本公司（本人）提供，与原件相同”，注明提供的时间并签字盖章；

（4）其他情况：如果报案内容所涉及案件已向人民法院、人民检察院、仲裁机构、行政机关或其他公安机关提起诉讼、仲裁或控告，应将该机关的受理或处理意见提交经侦局，并在报案时说明。

2.根据基本案情与法律适用选择最有利案件发展的管辖地进行报案，具体参考《中华人民共和国刑事诉讼法》与最高人民法院关于适用《中华人民共和国刑事诉讼法》的解释（2021），因个案管辖不同，向当事人说明选择缘由；

3.向当事人释明报案书内容，核对基本事实、当事人诉求；

4.确认证据材料，询问当事人是否还有补充；

5.向当事人说明控告人、举报人应当如实提供情况，捏造事实、诬告陷害他人的，应负法律责任；

6.写明赔偿情况，与当事人沟通确认；

7.将与当事人的谈话内容全部记录到下表（立案前接待笔录）具体内容中。

二、立案前接待笔录

立案前接待笔录

接（　）号

企业名称		企业代码	
被接待人姓名		性别	□男　□女
证件号码		联系方式	
住址			
接待时长		接待地点	
接待律师		记录人	
笔录内容			
律师叙述案情准备情况，何时、何地、如何报案，并强调法律责任			
与当事人核对报案材料情况			
律师对立案管辖情况的讲解			
律师对于报案书内容进行讲解			
笔录具体内容			
本次笔录总结			

第五节　不予立案接待笔录

一、基础知识

（一）法律依据

《中华人民共和国刑事诉讼法》第一百一十三条 人民检察院认为公安机关对应当立案侦查的案件而不立案侦查的，或者被害人认为公安机关对应当立案侦查的案件而不立案侦查，向人民检察院提出的，人民检察院应当要求公安机关说明不立案的理由。人民检察院认为公安机关不立案理由不能成立的，应当通知公安机关立案，公安机关接到通知后应当立案。

《公安机关办理刑事案件程序规定》第一百七十八条 公安机关接受案件后，经审查，认为有犯罪事实需要追究刑事责任，且属于自己管辖的，经县级以上公安机关负责人批准，予以立案；认为没有犯罪事实，或者犯罪事实显著轻微不需要追究刑事责任，或者具有其他依法不追究刑事责任情形的，经县级以上公安机关负责人批准，不予立案。

对有控告人的案件，决定不予立案的，公安机关应当制作不予立案通知书，并在三日以内送达控告人。

决定不予立案后又发现新的事实或者证据，或者发现原认定事实错误，需要追究刑事责任的，应当及时立案处理。

（二）适用情况

公安机关不予立案时。

（三）使用说明

1. 详细叙述报案过程，包括什么时间，去哪个派出所，与警官沟通过程是怎样的，尽可能地向当事人描述；

2. 向当事人展示公安机关出具的《不予立案通知书》，并说明不予立案的理由。如管辖错误，公安机关不认为是犯罪等；

3. 针对《不予立案通知书》的理由和依据，逐一向当事人解析与说明；

4. 对案件存在的问题制定相应对策，为下次报案做好准备，如：诈骗罪一般由辖区派出所管辖，合同诈骗罪则由公安经侦分局管辖。在实践中如何认定诈骗罪与合同诈骗罪也容易出现混淆，故当一处不予立案时，可以尝试换种思路再次报案；

5. 注意对当事人情绪的安抚；

6. 将与当事人的谈话内容全部记录到下表（不予立案接待笔录）具体内容中。

二、不予立案接待笔录

不予立案接待笔录

接 （ ）号

企业名称		企业代码	
被接待人姓名		性别	□男 □女

续表

证件号码		联系方式	
住址			
接待时长		接待地点	
接待律师		记录人	
笔录内容			
报案经过			
不予立案原因分析			
再次立案采取措施			
再次立案思路分析			
笔录具体内容			
本次笔录总结			

第六节 侦查阶段接待笔录

一、基础知识

(一)法律依据

《中华人民共和国刑事诉讼法》第三十七条 辩护人的责任是根据事实和法律,提出犯罪嫌疑人、被告人无罪、罪轻或者减轻、免除其刑事责任的材料和意见,维护犯罪嫌疑人、被告人的诉讼权利和其他合法权益。

第三十八条 辩护律师在侦查期间可以为犯罪嫌疑人提供法律帮助;代理申诉、控告;申请变更强制措施;向侦查机关了解犯罪嫌疑人涉嫌的罪名和案件有关情况,提出意见。

第四十三条第一款 辩护律师经证人或者其他有关单位和个人同意,可以向他们收集与本案有关的材料,也可以申请人民检察院、人民法院收集、调取证据,或者申请人民法院通知证人出庭作证。

第四十六条第一款 公诉案件的被害人及其法定代理人或者近亲属,附带民事诉讼的当事人及其法定代理人,自案件移送审查起诉之日起,有权委托诉讼代理人。自诉案件的自诉人及其法定代理人,附带民事诉讼的当事人及其法定代理人，有权随时委托诉讼代理人。

第四十七条 委托诉讼代理人，参照本法第三十三条的规定执行。（享有与辩护人相同的权利）

第六十七条 人民法院、人民检察院和公安机关对有下列情形之一的犯罪嫌疑人、被告人，可以取保候审：

（一）可能判处管制、拘役或者独立适用附加刑的；

（二）可能判处有期徒刑以上刑罚，采取取保候审不致发生社会危险性的；

（三）患有严重疾病、生活不能自理，怀孕或者正在哺乳自己婴儿的妇女，采取取保候审不致发生社会危险性的；

（四）羁押期限届满，案件尚未办结，需要采取取保候审的。

取保候审由公安机关执行。

最高人民法院关于适用《中华人民共和国刑事诉讼法》的解释（2021）第一百八十五条 侦查、审查起诉期间，有权提起附带民事诉讼的人提出赔偿要求，经公安机关、人民检察院调解，当事人双方已经达成协议并全部履行，被害人或者其法定代理人、近亲属又提起附带民事诉讼的，人民法院不予受理，但有证据证明调解违反自愿、合法原则的除外。

（二）适用范围

侦查阶段与当事人沟通笔录（注意：公诉案件的被害人及其法定代理人或者近亲属，附带民事诉讼的当事人及其法定代理人，自案件移送审查起诉之日起，有权委托诉讼代理人）。

（三）主要内容

1. 对侦查阶段给予当事人法律咨询，对公安机关采取的强制措施进行讲解；

2. 给予当事人赔偿方案建议，指导其向公安机关提出；

3. 分析犯罪嫌疑人是否具备取保条件，完成《不予取保候审申请书》；

4. 帮助当事人梳理相关证据；

5. 解答当事人在该阶段的法律问题；

6. 给予当事人调解、和解事宜的法律建议；

7. 帮助当事人起草书面意见，请求侦查机关进行涉案财物的查封、冻结、扣押，以确保最终追回赃款赃物；

8.将与当事人的谈话内容全部记录到下表(侦查阶段接待笔录)具体内容中。

二、侦查阶段接待笔录

侦查阶段接待笔录

接（　）号

企业名称		企业代码	
被接待人姓名		性别	□男　□女
证件号码		联系方式	
住址			
接待时长		接待地点	
接待律师		记录人	
笔录内容			
调解、和解及赔偿方案			
查封、冻结、扣押财产情况			
调取证据情况			
侦查阶段代理意见核心内容			
笔录具体内容			
本次笔录总结			

第七节　审查起诉阶段接待笔录

一、基础知识

(一)法律依据

《中华人民共和国刑事诉讼法》第四十六条第一款 公诉案件的被害人及其法定代理人或者近亲属，附带民事诉讼的当事人及其法定代理人，自案件移送审查起诉之日起，有权委托诉讼代理人。自诉案件的自诉人及其法定代理人,附带民事诉讼的当事人及其法定代理人,有权随时委托诉讼代理人。

第一百四十八条 侦查机关应当将用作证据的鉴定意见告知犯罪嫌疑人、被害人。如果犯罪嫌疑人、被害人提出申请,可以补充鉴定或者重新鉴定。

第一百七十三条第一款 人民检察院审查案件,应当讯问犯罪嫌疑人,听取辩护人或者值班律师、被害人及其诉讼代理人的意见,并记录在案。辩护人或者值班律师、被害人及其诉讼代理人提出书面意见的,应当附卷。

最高人民法院关于适用《中华人民共和国刑事诉讼法》的解释(2021)第六十四条 诉讼代理人有权根据事实和法律,维护被害人、自诉人或者附带民事诉讼当事人的诉讼权利和其他合法权益。

第六十五条 律师担任诉讼代理人的,可以查阅、摘抄、复制案卷材料。其他诉讼代理人经人民法院许可,也可以查阅、摘抄、复制案卷材料。

律师担任诉讼代理人,需要收集、调取与本案有关的证据材料的,参照适用本解释第五十九条至第六十一条的规定。

(二)适用情况

审查起诉阶段接待当事人(注意:公诉案件的被害人及其法定代理人或者近亲属,附带民事诉讼的当事人及其法定代理人,自案件移送审查起诉之日起,有权委托诉讼代理人)。

(三)主要内容

1.总结侦查阶段律师的相关法律咨询工作;

2.介绍审查起诉流程以及相关工作;

3.对于鉴定机构鉴定结果有疑虑的申请重新鉴定;

4.调卷并将案卷主要内容向当事人进行解读;

5.对于当事人无法提供的证据,申请调取证据;

6.对被告人辩解的合理性和证据体系进行分析,并向当事人解读;

7.向当事人出具查找的判例以及理论依据;

8.说明与办案人员的沟通情况,及时反馈给当事人;

9.审查起诉阶段出具代理意见,及时与当事人沟通;

10.将与当事人的谈话内容全部记录到下表(审查起诉阶段接待笔录)具体内容中。

二、审查起诉阶段接待笔录

审查起诉阶段接待笔录

接（　）号

企业名称		企业代码	
被接待人姓名		性别	□男　□女
证件号码		联系方式	
住址			
接待时长		接待地点	
接待律师		记录人	
笔录内容			
侦查阶段律师工作总结及审查起诉阶段主要工作讲解			
案卷主要内容向当事人讲解			
调取证据及鉴定情况说明			
审查起诉代理意见核心内容			
笔录具体内容			
本次笔录总结			

第八节　审判阶段接待笔录

一、基础知识

（一）法律依据

《中华人民共和国刑事诉讼法》第一百九十一条 公诉人在法庭上宣读起诉书后，被告人、被害人可以就起诉书指控的犯罪进行陈述，公诉人可以讯问被告人。

被害人、附带民事诉讼的原告人和辩护人、诉讼代理人，经审判长许可，可以向被告人发问。

审判人员可以讯问被告人。

第一百九十八条第二款 经审判长许可，公诉人、当事人和辩护人、诉讼代理人可以对证据和案件情况发表意见并且可以互相辩论。

第二百二十九条 被害人及其法定代理人不服地方各级人民法院第一审的判决的，自收到判决书后五日以内，有权请求人民检察院提出抗诉。人民检察院自收到被害人及其法定代理人的请求后五日以内，应当作出是否抗诉的决定并且答复请求人。

第五十八条（非法证据排除）、**第一百九十二条**（申请证人、鉴定人出庭作证）、**第一百九十四条**（庭审发问证人、鉴定人）、**第一百九十五条**（各类证据质证）、**第一百九十七条**（申请调取新的物证、通知新的证人到庭、重新鉴定或勘验及申请专家）。

最高人民法院关于适用《中华人民共和国刑事诉讼法》的解释(2021)第六十五条第一款 律师担任诉讼代理人的，可以查阅、摘抄、复制案卷材料。其他诉讼代理人经人民法院许可，也可以查阅、摘抄、复制案卷材料。

（二）适用情况

审判阶段笔录记录。

（三）具体内容

1. 告知其《起诉书》《量刑意见书》等具体内容；
2. 介绍审判阶段流程以及相关工作，与法官的沟通情况；
3. 与当事人沟通申请调证情况；
4. 与当事人沟通研究并确定最终赔偿方案；
5. 开模拟法庭，针对每个庭审环节进行预演；
6. 与当事人沟通最终确认案件代理意见，证据清单、质证意见等细节；
7. 告知当事人开庭需要向被告人发问的问题；
8. 明确开庭时间、地点以及开庭需要当事人携带的物品；
9. 判决后，当事人不服一审判决的，5日内向检察院提起抗诉；
10. 将与当事人的谈话内容全部记录到下表（审判阶段接待笔录）具体内容中。

二、审判阶段接待笔录

审判阶段接待笔录

接　（　　）号

企业名称		企业代码	
被接待人姓名		性别	□男　□女
证件号码		联系方式	
住址			
接待时长		接待地点	
接待律师		记录人	
笔录内容			
查起诉阶段律师工作总结及审判阶段主要工作讲解			
证据、质证意见、代理意见、鉴定申请、证人出庭申请等内容沟通			
赔偿方案、向被告人发问等内容沟通情况			
模拟法庭情况			
笔录具体内容			
本次笔录总结			

第九节　律师服务方案

×××先生/女士：

××××年××月××日，您就×××控告×××，×××罪一案咨询过×××律师，非常感谢您的信任！

现×××律师根据您所述案情以及《中华人民共和国律师法》《中华人民共和国刑法》《中华人民共和国刑事诉讼法》等相关法律之规定，就本案提供如下律师服务方案（以下简称服务方案）。

本服务方案下述的“相关案情”是基于您对承办律师的陈述、提供的材料以及由您签名确认的《接待笔录》中载明的内容提炼而成的。本服务方案所作论述基于下述“相关案情”，并结合有关法律、法规、司法解释等规范性文件及承办律师的司法实务经验等做出。

您应对下述“相关案情”及您提供材料的真实性、客观性、完整性、合法性负责，承办律师据此发表律师服务方案。

一、相关案情及您的咨询目的（略）

二、本案可能涉及的相关法律规定（略）

三、案件的定罪量刑分析（略）

四、我们在案件各个阶段可以提供的法律服务的内容和清单

（一）侦查阶段

1. 我们会第一时间了解案情和根据案件事实与证据整理出报案书，选择对当事人最有利的管辖地报案；

2. 协助当事人联系办案单位了解犯罪嫌疑人的情况和案件其他信息；

3. 根据当事人与办案人员沟通了解情况，提出相应的法律意见；

4. 在逮捕前，我们会协助当事人申请对犯罪嫌疑人不予取保候审；

5. 我们及时解答有关的法律事实与程序问题；及时处理在案件处理过程中的突发相关问题；

6. 协助当事人申请调查取证、申诉、控告、程序辩护、管辖异议、申请回避、立案监督等内容；

7. 根据需要与家属沟通。

（二）审查起诉阶段

1. 如果没有逮捕，我们会向检察院提出羁押必要性审查的申请；

2. 不予逮捕我们还会再次提出不予取保候审申请；

3. 查阅、了解本案的诉讼文书、技术性鉴定材料；

4. 如果认为犯罪嫌疑人有《中华人民共和国刑事诉讼法》第十六条规定的情形之一的，应当在人民检察院听取意见时，向人民检察院反映意见，并做以下工作：

(1)与办案单位沟通;

(2)阅卷、制作笔录审查移送的材料;

(3)调查取证及相关申请;

(4)进行认罪认罚相关工作的介入,为当事人争取最大权益;

(5)发起刑事和解程序。

(三)审判阶段

1. 团队将召开案件研讨会,准备最佳代理方案;
2. 查阅、了解检察机关向人民法院移送的主要证据复印件和相关材料;
3. 了解被告人及其辩护人对指控的意见及对案情的形成的辩护意见;
4. 与办案单位沟通;
5. 申请参加庭前会议;
6. 申请证人出庭作证、鉴定、勘验、检查、回避、排除不合法证据等;
7. 质证意见;
8. 发问提纲;
9. 代理意见提纲;
10. 按时出庭,依法维护被害人的合法权益;
11. 提交代理意见;
12. 根据需要与家属沟通;

五、委托×××律师,是您明智的选择

只有专业的刑事辩护人及其团队,才能在刑事案件中为委托人及其家属提供优质、高效、专业的法律服务。

×××律师简介内容

(内容略)

六、关于本案的律师收费(示例)

(一)正常委托

一个罪名6万起,包括三个阶段侦查、审查起诉、一审审判,及案卷10本(超过十本,每增加一本,增加2000元)。

(二)阶段委托

阶段委托3万起,每阶段(侦查、审查起诉、一审审判、二审审判、再审、申

诉等),案卷10本(超过十本,每增加一本,增加1000元)。如是多个罪名,按单项收费额累加,如被告五人以上,每多一人增加5000元。如案件疑难复杂,再酌情增加。

七、温馨提示

我们能够理解您在此刻的无助和慌乱,但恰恰是这个时刻更需要您的冷静和思考!欲速则不达,请您谨慎做出每一个决定。聘请敬岗、专业律师会事半功倍。为了您能够准确聘任需要的律师,请参考以下几个方面。

(一)选择专业刑事辩护律师

专业化是办理刑事案件的首要因素。请您相信术业有专攻,选择专业刑事辩护律师能够更好地维护您正当合法的利益,保障您的权利。此时此刻,您需要重点考量的是如何选择专业刑事律师。

律师专业度体现在其对掌握业务的熟悉程度、庭审完整度以及社会评价上。您可以通过与律师沟通案件情况、通过查询裁判文书网律师代理案件以及媒体报道等方式进行判断。请您仔细甄别,切勿偏听偏信。

(二)委托刑事律师时注意事项

您可到当地律师协会官方网站查验、核实律师身份、律师执业证、律师事务所执业许可证等相关信息;另外,请您务必要到律师事务所或按照律师事务所相关要求办理委托手续并交纳律师费,避免上当受骗。此时此刻,您身边也许会出现通过私下关系处理法律事务的人群,请您特别提防这类掮客型人群。您需要的是第一时间寻求专业刑事律师的帮助,把握处理问题的最佳时机,切莫做无用的投入。

(三)聘请律师后应做事宜

作为更清晰掌握案件情况的当事人或家属,请您相信您聘请的律师,并向其真实、客观、细致地描述案件情况,方便律师高效地开展工作,及时处理、解决当前问题。

(四)远离互联网负面信息

互联网上多是博眼球引流量的肆意评判,请您相信您委托的专业律师,相信我们!我们会尽最大努力维护您的合法权益,切勿因某些网友的大谈特谈而影响您的判断和心情。

具体服务方案会因案情发展、程序影响、证据改变等诸多因素进行调整，以上律师服务方案，仅供参考！

×××律师事务所

×××律师

××××年××月××日

第二章 检索报告系列

第一节 法律检索

一、基础知识

(一)法律依据

《中华人民共和国法院组织法》《最高人民法院关于完善人民法院司法责任制的若干意见》《关于建立法律适用分歧解决机制的实施办法》等。

(二)适用情况

检索法条

(三)使用说明

1.法律规范检索的原则

不仅要对刑法层面进行检索,还要对与其相关的所有规范全部检索到位。根据实际情况按照法律层级宪法—法律—法规—条例逐级检索并且检查上、下位法是否冲突。

2.法律规范检索的方法

(1)归纳自己搜索的问题并选取准确的关键字;

(2)准备好搜索平台;

(3)将搜索出的法律按效力等级填入下表(法律规范类检索报告),检查内容是否冲突;

(4)选取该法条核心摘抄到下表(法律规范类检索报告)中;

(5)总结本次检索结果。

3.法律规范中可能有涉及交叉法律、行业规范等,这些也是需要检索的内容。

二、法律规范类检索报告

法律规范类检索报告（附示例）

【 】第 号

<table>
<tr><td></td><td colspan="2"></td></tr>
<tr><td>检索目的</td><td colspan="2">提供车辆伪造号牌，但主犯还未判是否构成掩饰、隐瞒犯罪所得收益罪</td></tr>
<tr><td>检索关键字</td><td colspan="2">掩饰、隐瞒犯罪所得收益罪、诈骗罪</td></tr>
<tr><td>检索主体</td><td colspan="2">掩饰、隐瞒犯罪所得收益罪</td></tr>
<tr><td>检索方法</td><td colspan="2">关键字法</td></tr>
<tr><td>检索平台</td><td colspan="2">如：Alpha、法信、北大法宝等</td></tr>
<tr><td>检索内容</td><td colspan="2"></td></tr>
<tr><td rowspan="7">法律规范名称</td><td>《中华人民共和国刑法》</td><td>法律</td></tr>
<tr><td>《中华人民共和国行政处罚法》</td><td>行政法规</td></tr>
<tr><td></td><td>地方性法规</td></tr>
<tr><td></td><td>部门规章</td></tr>
<tr><td></td><td>条例</td></tr>
<tr><td>《最高人民法院关于审理掩饰、隐瞒犯罪所得、犯罪所得收益刑事案件适用法律若干问题的解释》（2021 修正）、《最高人民法院、最高人民检察院关于办理与盗窃、抢劫、诈骗、抢夺机动车相关刑事案件具体应用法律若干问题的解释》</td><td>司法解释</td></tr>
<tr><td></td><td>其他</td></tr>
<tr><td>摘抄内容</td><td colspan="2">明知是盗窃、抢劫、诈骗、抢夺的机动车，实施下列行为之一的，依照《中华人民共和国刑法》第三百一十二条的规定，以掩饰、隐瞒犯罪所得、犯罪所得收益罪定罪，处三年以下有期徒刑、拘役或者管制，并处或者单处罚金：（一）买卖、介绍买卖、典当、拍卖、抵押或者用其抵债的；（二）拆解、拼装或者组装的；（三）修改发动机号、车辆识别代号的；（四）更改车身颜色或者车辆外形的；（五）提供或者出售机动车来历凭证、整车合格证、号牌以及有关机动车的其他证明和凭证的；（六）提供或者出售伪造、变造的机动车来历凭证、整车合格证、号牌以及有关机动车的其他证明和凭证的。
《最高人民法院、最高人民检察院、公安部关于办理电信网络诈骗等刑事案件适用法律若干问题的意见（二）》第十二条规定，诈骗犯罪行为可确认，但实施诈骗犯罪的行为人尚未到案，可以依法先行追究已到案关联犯罪行为人的刑事责任。需要注意的是，“诈骗犯罪行为可以确认”，是指诈骗犯罪行为确实存在，不要求必须已经由刑事判决确认犯罪。不论诈骗犯罪实行犯是否归案、是否被判处刑罚，均不影响诈骗犯罪事实的成立，也不影响对关联犯罪事实的认定和帮助犯的实际处理。</td></tr>
</table>

续表

检索结论	构成犯罪 检索人:××× ××××年××月××日

第二节 类案检索

一、基础知识

(一)法律依据

《最高人民法院关于统一法律适用加强类检索指导意见(试行)》

(二)适用情况

案例检索。

(三)使用说明

1.检索顺序

(1)最高人民法院发布的指导性案例;

(2)最高人民法院发布的典型案例;

(3)省(自治区、直辖市)高级人民法院发布的参考性案例。

2.检索步骤

(1)确认检索思路;

(2)确定检索关键词;

(3)检索具体案件;

(4)汇总检索案件争议焦点。

3.其他

尽量选用近3年的案件。

二、类案检索报告

类案检索报告(附示例)

【 】第 号

检索说明	
检索目的	掩饰、隐瞒犯罪共同赔偿问题

续表

关键字	掩饰、隐瞒犯罪所得收益罪、共同赔偿				
检索方法	关键字查询				
检索主体	掩饰、隐瞒犯罪				
检索平台	如alpha、法信、北大法宝				
检索内容					
序号	案号	审理法院	案件事实	裁判要旨	判决结果
1	(2019)苏民终1734号	江苏省高级人民法院	长江鳗鱼苗是具有重要经济价值且禁止捕捞的水生动物苗种。2018年上半年,董某某等38人单独或共同在长江干流水域使用禁用渔具非法捕捞长江鳗鱼苗并出售牟利。王某某等13人明知长江鳗鱼苗系非法捕捞所得,单独收购或者通过签订合伙协议、共同出资等方式建立收购鳗鱼苗的合伙组织,共同出资收购并统一对外出售,向高某某等7人以及董某某等38人非法贩卖及向捕捞人员收购鳗鱼苗116999条。秦某某在明知王某某等人向其出售的鳗鱼苗系在长江中非法捕捞所得的情况下,仍多次向王某某等人收购鳗鱼苗40263条。	1.当收购者明知其所收购的鱼苗系非法捕捞所得,仍与非法捕捞者建立固定买卖关系,形成完整利益链条,共同损害生态资源的,收购者应当与捕捞者对共同实施侵权行为造成的生态资源损失承担连带赔偿责任。 2.侵权人使用禁用网具非法捕捞,在造成其捕捞的特定鱼类资源损失的同时,也破坏了相应区域其他水生生物资源,严重损害生物多样性的,应当承担包括特定鱼类资源损失和其他水生生物资源损失在内的生态资源损失赔偿责任。当生态资源损失难以确定时,人民法院应当结合生态破坏的范围和程度、资源的稀缺性、恢复所需费用等因素,充分考量非法行为的方式破坏性、时间敏感性、地点特殊性等特点,并参考专家意见,综合作出判断。	江苏省南京市中级人民法院于2019年10月24日作出(2019)苏01民初2005号民事判决:一、王某某等13名非法收购者对其非法买卖鳗鱼苗所造成的生态资源损失连带赔偿人民币8589168元;二、其他收购者、捕捞者根据其参与非法买卖或捕捞的鳗鱼苗数量,承担相应赔偿责任或与直接收购者承担连带赔偿责任。王某某等13名被告提出上诉,江苏省高级人民法院于2019年12月31日作出(2019)苏民终1734号民事判决:驳回上诉,维持原判。
检索结论	应当承担赔偿责任 检索人:××× ××××年××月××日				

第三节 文章类检索

一、基础知识

(一)检索范围

1.论文；

2.实务性文章；

3.理论性文章；

4.其他。

(二)检索原则

1.专业性，要求为行业内优秀文章、观点，最好是在知名的、专业的杂志期刊发表过的；

2.权威性，行业内知名的法律大家所写的文章；

3.相关性，与案件具有直接关联的。

二、文章检索报告

文章检索报告(附示例)

【 】第 号

1	浅谈帮信罪与掩饰、隐瞒犯罪所得罪的定性争议与辩护思路	Alpha	言贤	浅谈帮信罪与掩饰、隐瞒犯罪所得罪的定性争议与辩护思路，Alpha实务文章详情 (alphalawyer.cn)	行为对象不同、行为时间不同、行为性质不同、侵害法益不同。

续表

检索结论	帮信罪侵犯的法益是国家对信息网络的管理，而且其属于一种辅助手段；掩饰、隐瞒犯罪所得罪阻碍的则是司法机关正常查明犯罪，追缴犯罪所得及收益的活动 检索人：××× ××××年××月××日

第四节 流程图系列

一、案件流程图

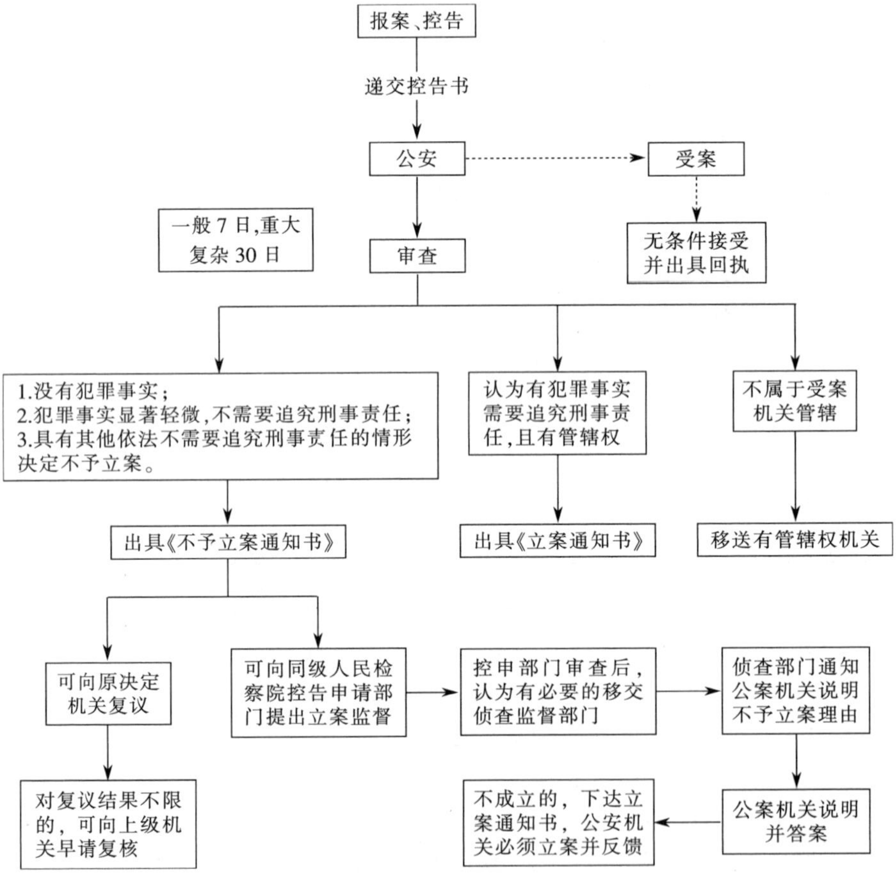

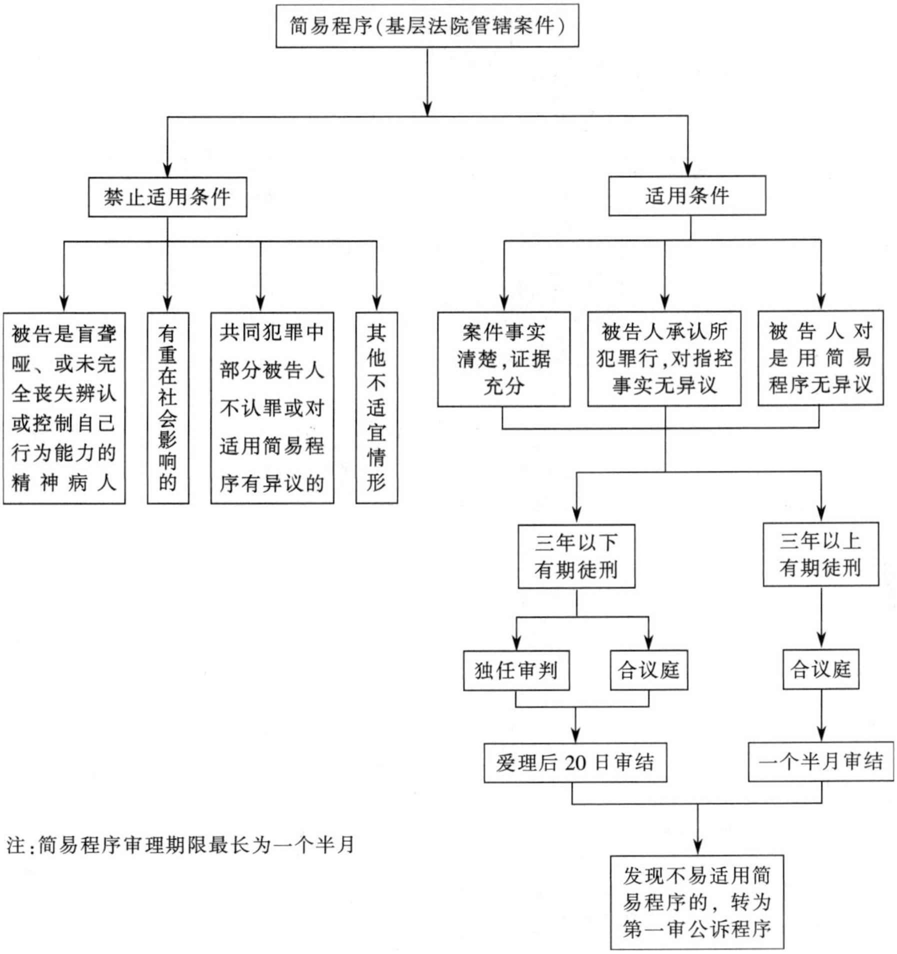

注:简易程序审理期限最长为一个半月

人民法院刑事案件诉讼流程图

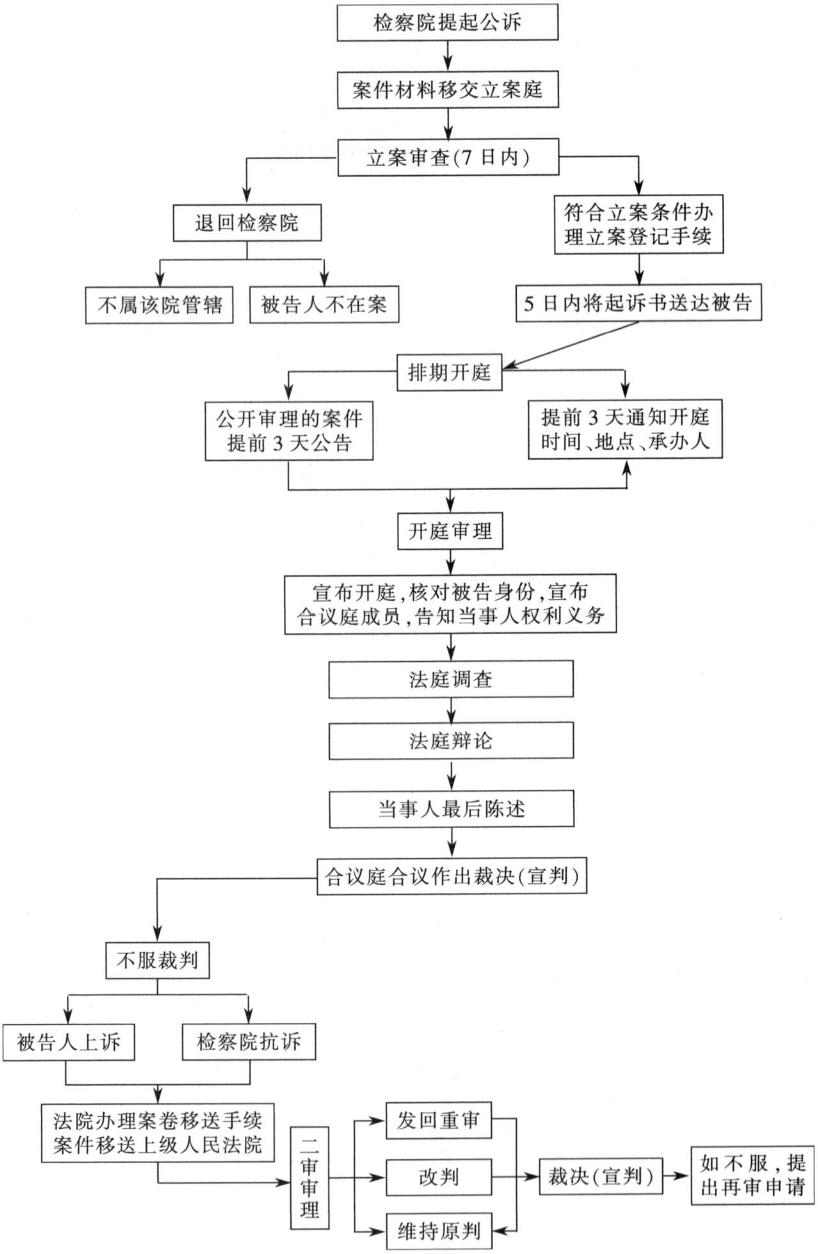

第五节 联系卡系列

一、基础知识

(一)使用说明

联系案件的相关人员包括:控告人/被害人、被告人、侦查机关、检察院、法院审判机关、法院执行机关、鉴定机构,以便信息及时传达、沟通。

(二)适用情况

适用于刑事诉讼全流程。

二、联系卡系列

联系卡系列

案件联系卡					
案件名称					
案件现处阶段					
主办律师			联系方式		
协助律师			联系方式		
控告人/被害人联系卡					
	委托人	委托人2	证人1	证人2	备注
姓名					
联系方式					
微信					
电子邮箱					
被告人联系卡					
	被告人	被告单位	同案犯	辩护律师	备注
姓名					
联系方式					
微信					
电子邮箱					
侦查机关联系卡					

续表

	负责人	主办警官1	主办警官2	派出所	备注
姓名					
联系方式					
邮寄地址					
电子邮箱					
检察院联系卡					
	检察长	检察官	检察官助理	案管电话	备注
姓名					
联系方式					
邮寄地址					
电子邮箱					
法院审判相关联系卡					
	一审法官	法官助理	二审法官	法官助理	备注
姓名					
联系方式					
邮寄地址					
电子邮箱					
法院执行相关联系卡					
	负责人	执行法官	执行助理	其他	备注
姓名					
联系方式					
邮寄地址					
电子邮箱					
鉴定机构联系卡					
	负责人	鉴定人1	鉴定人2	鉴定机构	备注
姓名					
联系方式					
邮寄地址					
电子邮箱					

第三章 与侦查、司法机关沟通系列

第一节 与侦查机关沟通

一、基础知识

(一)法律依据

《中华人民共和国刑事诉讼法》第三十八条 辩护律师在侦查期间可以为犯罪嫌疑人提供法律帮助;代理申诉、控告;申请变更强制措施;向侦查机关了解犯罪嫌疑人涉嫌的罪名和案件有关情况,提出意见。

第四十六条第一款 公诉案件的被害人及其法定代理人或者近亲属,附带民事诉讼的当事人及其法定代理人,自案件移送审查起诉之日起,有权委托诉讼代理人。(该条规定有权委托诉讼代理人的节点是移送审查起诉之日起)

第一百一十七条第一款 当事人和辩护人、诉讼代理人、利害关系人对于司法机关及其工作人员有下列行为之一的,有权向该机关申诉或者控告:

(一)采取强制措施法定期限届满,不予以释放、解除或者变更的;(二)应当退还取保候审保证金不退还的;(三)对与案件无关的财物采取查封、扣押、冻结措施的;(四)应当解除查封、扣押、冻结不解除的;(五)贪污、挪用、私分、调换、违反规定使用查封、扣押、冻结的财物的。

受理申诉或者控告的机关应当及时处理。对处理不服的,可以向同级人民检察院申诉;人民检察院直接受理的案件,可以向上一级人民检察院申诉。人民检察院对申诉应当及时进行审查,情况属实的,通知有关机关予以纠正。

最高人民法院关于适用《中华人民共和国刑事诉讼法》的解释(2021)第一百八十五条 侦查、审查起诉期间,有权提起附带民事诉讼的人提出赔偿要求,经公安机关、人民检察院调解，当事人双方已经达成协议并全部履行，被害人或者其法定代理人、近亲属又提起附带民事诉讼的，人民法院不予受理，但有证据证明调解违反自愿、合法原则的除外。

（二）适用情况

侦查阶段协助当事人与办案人员沟通（避免直接沟通）。

（三）沟通内容

1. 绝大多数被害人都是通过报案的形式维护自己的权益，律师的法律意见在报案中具有举足轻重的作用，这个环节是案件能否启动，被害人权益能否被支持的第一步，故与侦查机关沟通尤为重要；

2. 准备报案前，律师要充分帮助当事人做好案情梳理工作，将案件重点想清楚、讲明白，预测公安机关可能对被害人做的笔录内容并向被害人讲解，让其能够清楚准确地回答警官提出的问题；

3. 初次报案时，准备好委托手续、报案书、证据目录、报案人身份证明等相关文件资料；

4. 当事人向主办警官陈述时，律师要帮助当事人将案件事实用简洁准确的语言描述出来，与犯罪构成要件一一对应，并出示现有证据，证明其构成犯罪，可以立案；

5. 若主办警官认为不构成犯罪的，向其索要不予立案通知书，该通知书是向上级公安机关申请复议和向检察院申请立案监督的必要手续；

6. 在不予立案的情形中，可能出现不认定是经济犯罪而认定是经济纠纷与管辖的错误，所以在第一次报案与警官沟通过程中要用案情、证据、法律依据证明该案为刑事案件，并且其具有管辖权；

7. 立案后，一个案子可能批捕也可能取保候审，这时候律师应当帮助当事人向警官说明其犯罪的严重性，批捕的重要性，也要向警官提交不予取保候审的申请书，批捕是为被害人争取得到有效赔偿，赃款赃物不至于被转移的有力手段；

8. 将新证据材料及时反馈给警官，确保侦查活动的顺利进行；

9. 在犯罪情节轻微的案件中，协助被害人处理赔偿问题，协调结案，达成谅解；

10.公诉案件中，被害人只有在审查起诉阶段才能委托代理人，案件沟通方面主要依靠当事人、律师履职法律协助职责。

二、与办案单位的沟通记录

与办案单位的沟通记录

办案单位		办案人员	
联系电话		约谈时间	
当事人		记录人	
沟通主要事项			
沟通缘由			
约谈地点			

(一)报案阶段沟通

当事人：

办案警官：

(二)不予立案情况沟通

当事人：

办案警官：

(三)立案后沟通

当事人：

办案警官：

(四)羁押必要性沟通

当事人：

办案警官：

(五)新证据沟通

当事人：

办案警官：

(六)批捕后沟通

当事人：

办案警官：

(七)协调赔偿沟通

当事人:

办案警官:

(八)移送前沟通

当事人:

办案警官:

第二节 与检察院沟通

一、基础知识

(一)法律依据

《中华人民共和国刑事诉讼法》第一百四十八条 侦查机关应当将用作证据的鉴定意见告知犯罪嫌疑人、被害人。如果犯罪嫌疑人、被害人提出申请,可以补充鉴定或者重新鉴定。

第一百七十三条第一款 人民检察院审查案件,应当讯问犯罪嫌疑人,听取辩护人或者值班律师、被害人及其诉讼代理人的意见,并记录在案。辩护人或者值班律师、被害人及其诉讼代理人提出书面意见的,应当附卷。

最高人民法院关于适用《中华人民共和国刑事诉讼法》的解释(2021)第六十四条 诉讼代理人有权根据事实和法律,维护被害人、自诉人或者附带民事诉讼当事人的诉讼权利和其他合法权益。

第六十五条 律师担任诉讼代理人的,可以查阅、摘抄、复制案卷材料。其他诉讼代理人经人民法院许可,也可以查阅、摘抄、复制案卷材料。

律师担任诉讼代理人,需要收集、调取与本案有关的证据材料的,参照适用本解释第五十九条至第六十一条的规定。

(二)适用情况

审查起诉阶段与检察院人员沟通。

(三)沟通内容

1.案件到达检察院后，首先沟通的是案管，确定好阅卷时间，以及问清本案检察官姓名，联系电话，确保及时拿到案卷；

2.确定好检察官后，及时递交代理人手续，对检察院以往类案进行查询分析，以便了解其对该案的基本态度；

3.调卷后初步与检察官沟通基础案情；

4.向检察官索要辩护人的辩护意见，并提交自己的代理意见；

5.向检察官讲清楚本案的疑点、难点。初探检察官量刑意见并讲清楚被害人索要赔偿数额、缘由；

6.对案卷中存在的问题，及时与检察官沟通，对于案卷中没有提到的证据，及时申请补充证据或申请调取证据；

7.在犯罪嫌疑人补充笔录后，与检察院及时沟通；

8.对于退侦、补侦案件积极配合，及时沟通案情让检察官充分了解案件；

9.申请启动检察院的侦查监督职能，对于侦查机关扣押的物品，财产及时确认，如果发现应当认定而没有认定的及时告知检察官，并且说明扣押、冻结、查封的理由；

10.检察机关如要变更强制措施，及时提出反驳，提交书面材料，说明不予变更的理由；

11.拿到《起诉意见书》后及时沟通，对被告人的量刑、赔偿、认罪认罚的情况发表自己的看法并说明理由；

12.对被害人的合法权益应当及时维护，发现案件中有损害被害人利益的点，一定要马上与检察官沟通；

13.发起刑事和解程序及介入认罪认罚从宽程序，充分发挥诉讼代理人在案件中的作用；

14.沟通技巧：

(1)确认沟通目标：每一次沟通前都要有明确的主题，明确沟通的事项；

(2)及时了解案件的方向，了解办案机关的基本态度；

(3)主动联系，确定沟通时间范围。比如，明天上午给您打10分钟电话反映下了解到的最新情况；

(4)配合检察官的工作，如遇退侦、补侦积极应对配合；

(5)口头沟通与书面沟通相结合,口头表示简洁准确,同时书面资料要翔实周密,在重点位置标注便于检察官查看。

二、与检察院的沟通记录

与检察院的沟通记录

办案单位		办案人员	
联系电话		约谈时间	
约谈律师		记录人	
沟通主要事项			
沟通缘由			
约谈地点			

(一)案管阶段沟通

代理人:

办案检察官:

(二)阅卷后沟通

代理人:

办案检察官:

(三)提交代理意见后沟通

代理人:

办案检察官:

(四)新证据沟通

代理人:

办案检察官:

(五)退侦补侦沟通

代理人:

办案检察官:

(六)量刑部分沟通

代理人:

办案检察官:

(七)赔偿部分沟通

代理人:

办案检察官:

(八)关于起诉意见书的沟通

代理人:

办案检察官:

(九)变更强制措施沟通

代理人:

办案检察官:

(十)介入认罪认罚沟通

代理人:

办案检察官:

(十一)调解、和解沟通

代理人:

办案检察官:

第三节 与法院人员沟通

一、基础知识

(一)法律依据

《中华人民共和国刑事诉讼法》第一百九十一条 公诉人在法庭上宣读起诉书后,被告人、被害人可以就起诉书指控的犯罪进行陈述,公诉人可以讯问被告人。

被害人、附带民事诉讼的原告人和辩护人、诉讼代理人,经审判长许可,可以向被告人发问。

审判人员可以讯问被告人。

第一百九十八条第二款 经审判长许可,公诉人、当事人和辩护人、诉讼代理人可以对证据和案件情况发表意见并且可以互相辩论。

第二百二十九条 被害人及其法定代理人不服地方各级人民法院第一审的判决的，自收到判决书后五日以内，有权请求人民检察院提出抗诉。人民检察院自收到被害人及其法定代理人的请求后五日以内，应当作出是否抗诉的决定并且答复请求人。

第五十八条（非法证据排除）、**第一百九十二条**（申请证人、鉴定人出庭作证）、**第一百九十四条**（庭审发问证人、鉴定人）、**第一百九十五条**（各类证据质证）、**第一百九十七条**（申请调取新的物证、通知新的证人到庭、重新鉴定或勘验及申请专家）。

最高人民法院关于适用《中华人民共和国刑事诉讼法》的解释(2021)第六十五条 律师担任诉讼代理人的，可以查阅、摘抄、复制案卷材料。其他诉讼代理人经人民法院许可，也可以查阅、摘抄、复制案卷材料。

律师担任诉讼代理人，需要收集、调取与本案有关的证据材料的，参照适用本解释第五十九条至第六十一条的规定。

（二）使用情况

审判阶段与法官沟通。

（三）沟通内容

1.案件到达法院后，确认主审法官，递交代理手续，初步讲明案件事实以及被害人诉求；

2.确定主审法官后，对该法官以往类案进行查询分析，理解法官审案逻辑、侧重点，并陈述该案件与以往判决相似与不同之处；

3.对于量刑与赔偿部分与法官初步沟通，递交代理意见、赔偿意见书，类案判例、相关文章等；

4.要求参与庭前会议，在庭前会议与法官沟通；

5.在庭前会议中对附带民事赔偿调解协商、回避、证据认定与排除、证人、见证人名单、鉴定人、不公开审理等与法官交换意见；

6.庭后根据庭审情况，修改并提交代理意见，并告诉法官改动理由，尽量争取法官看完代理意见就不用再翻阅案卷了；

7.庭后针对开庭时的重点、难点、要点进行梳理，并及时反馈给法官，比

如,告知法官律师使用的原则、判例、学理性文章与本案的联系;

8.对于认罪认罚的看法,也应及时跟法官提出,如果量刑太轻,提出反驳意见;

9.对于辩护人提交的相关材料,提出自己的看法,反驳意见等;

10.就判决内容与法官沟通,对于判决不满意的地方申请判后答疑;

11.对于赔偿事宜联系执行法官,对于执行财产有异议的申请执行异议;

12.二审沟通中一定要把书面意见先递交过去,全面反映代理意见,把面对面沟通的机会看成二审开庭;

13.沟通技巧:

(1)确认沟通目标:每一次沟通前都要有明确的主题,明确沟通的事项;

(2)及时了解案件的方向,了解办案机关的基本态度;

(3)主动联系,确定沟通时间范围。比如,明天上午给您打10分钟电话反映下了解到的最新情况;

(4)配合法官的工作,比如,法官要什么时间递交什么材料、什么时间见面等,一定要准确无误,给法官留下好的印象;

(5)口头沟通与书面沟通相结合,口头表示简洁准确,同时书面资料要翔实周密,在重点位置标注便于法官查看。将理论性文章、判例、法律解释等与本案进行对比,阐述相似之处。

二、与法院人员的沟通记录

与法院人员的沟通记录

办案单位		办案人员	
联系电话		约谈时间	
约谈律师		记录人	
沟通主要事项			
沟通缘由			
约谈地点			

(一)与法官初次沟通

代理人:

办案法官:

（二）庭前会议沟通

代理人：

办案法官：

（三）介入认罪认罚沟通

代理人：

办案法官：

（四）调解、和解沟通

代理人：

办案法官：

（五）量刑部分沟通

代理人：

办案法官：

（六）庭审后重点内容沟通

代理人：

办案法官：

（七）赔偿部分沟通

代理人：

办案法官：

（八）判后答疑部分沟通

代理人：

办案法官：

（九）二审沟通

代理人：

办案法官：

第四章 律师申请系列

此章的若干申请文书内容上与刑事案件辩护人业务会有所重合，但使用目的并不同。《中华人民共和国刑事诉讼法》《人民检察院刑事诉讼规则》《中华人民共和国律师法》等法律法规也赋予刑事案件诉讼代理人诉讼权利，即刑事案件控告人/被害人的诉讼代理人也具有申请回避权、申请调取证据权等法定权利。

刑事辩护人的主要职责是维护犯罪嫌疑人、被告人的利益最大化，而被害人往往会受到在案件中因证据不足、事实不清及各种原因导致的案件审判裁定结果的二次伤害。刑事诉讼代理人职责是让被害人利益最大化，同样的案件卷宗，刑事诉讼代理人需要明确案件的卷宗证据状况，据此实现代理目的。例如：对辩护人提出的非法证据排除申请，代理人可分析举证辩护人提出的排除申请不成立。在法治建设稳步推进的当代，刑事代理的业务应从被动转为主动出击，这是法治进步的表现，更是法治进步的要求。

第一节 不予变更强制措施申请书

一、基础知识

（一）法律依据

《中华人民共和国刑事诉讼法》第四十六条 公诉案件的被害人及其法定代理人或者近亲属，附带民事诉讼的当事人及其法定代理人，自案件移送审查起诉之日起，有权委托诉讼代理人。自诉案件的自诉人及其法定代理人，附带民事诉讼的当事人及其法定代理人，有权随时委托诉讼代理人。

人民检察院自收到移送审查起诉的案件材料之日起三日以内，应当告知被害人及其法定代理人或者其近亲属、附带民事诉讼的当事人及其法定代理人有权委托诉讼代理人。人民法院自受理自诉案件之日起三日以内，应当告知自诉人及其法定代理人、附带民事诉讼的当事人及其法定代理人有权委托诉讼代理人。

第八十一条 对有证据证明有犯罪事实，可能判处徒刑以上刑罚的犯罪嫌疑人、被告人，采取取保候审尚不足以防止发生下列社会危险性的，应当予以逮捕：

（一）可能实施新的犯罪的；

（二）有危害国家安全、公共安全或者社会秩序的现实危险的；

（三）可能毁灭、伪造证据，干扰证人作证或者串供的；

（四）可能对被害人、举报人、控告人实施打击报复的；

（五）企图自杀或者逃跑的。

批准或者决定逮捕，应当将犯罪嫌疑人、被告人涉嫌犯罪的性质、情节，认罪认罚等情况，作为是否可能发生社会危险性的考虑因素。

对有证据证明有犯罪事实，可能判处十年有期徒刑以上刑罚的，或者有证据证明有犯罪事实，可能判处徒刑以上刑罚，曾经故意犯罪或者身份不明的，应当予以逮捕。

被取保候审、监视居住的犯罪嫌疑人、被告人违反取保候审、监视居住规定，情节严重的，可以予以逮捕。

（二）适用情形

当犯罪嫌疑人/被告人及其法定代理人、近亲属、辩护人对犯罪嫌疑人/被告人提出变更强制措施申请、启动羁押必要性审查时，被害人认为犯罪嫌疑人/被告人仍有继续羁押的必要性时适用。

在公诉案件审查起诉之前，该份申请书的申请人应当是控告人或被害人，注明姓名、身份证号、联系方式以及与案件的利害关系即可，公诉案件审查起诉之后申请人可以是律师即诉讼代理人。自诉案件不区分阶段，申请人可以是控告人、被害人或律师。

(三)申请对象

人民检察院。

二、不予变更强制措施申请书

不予变更强制措施申请书

申请人:×××,×××律师事务所律师,系 ×××涉嫌/被指控×××罪一案控告人/被害人×××的诉讼代理人。

通信地址:×××××××× 联系方式:××××××××

申请事项:申请对××××××××号《批准逮捕通知书》所逮捕的犯罪嫌疑人/被告人×××不予变更强制措施。

法律依据:《中华人民共和国刑事诉讼法》第八十一条

事实和理由:犯罪嫌疑人/被告人×××因涉嫌/被指控×××罪一案,于××××年××月××日经×××人民检察院(人民法院)批准(或决定)逮捕羁押。申请人作为控告人/被害人×××的诉讼代理人,经诉讼代理人对本案的了解和研究,认为犯罪嫌疑人/被告人×××仍有继续羁押的必要。

期望×××人民检察院对于犯罪嫌疑人/被告人依法启动的羁押必要性审查程序,在查实相关事实与证据的前提下,不予变更对犯罪嫌疑人/被告人×××采取的羁押强制措施。

此致

×××人民检察院

申请人:×××律师事务所

××××年××月××日

第二节 不予变更强制措施为监视居住申请书

一、基础知识

(一)法律依据

《中华人民共和国刑事诉讼法》第七十四条 人民法院、人民检察院和公安机关对符合逮捕条件,有下列情形之一的犯罪嫌疑人、被告人,可以监视居住:

（一）患有严重疾病、生活不能自理的；

（二）怀孕或者正在哺乳自己婴儿的妇女；

（三）系生活不能自理的人的唯一扶养人；

（四）因为案件的特殊情况或者办理案件的需要，采取监视居住措施更为适宜的；

（五）羁押期限届满，案件尚未办结，需要采取监视居住措施的。

对符合取保候审条件，但犯罪嫌疑人、被告人不能提出保证人，也不交纳保证金的，可以监视居住。

监视居住由公安机关执行。

（二）适用情形

当犯罪嫌疑人/被告人及其法定代理人、近亲属、辩护人对犯罪嫌疑人/被告人提出变更强制措施为监视居住时，被害人认为犯罪嫌疑人/被告人不应变更强制措施为监视居住时适用。

（三）申请对象

公安局（分局）、人民检察院。

二、不予变更强制措施为监视居住申请书

不予变更强制措施为监视居住申请书

申请人：×××，×××律师事务所律师，系×××涉嫌/被指控×××罪一案控告人/被害人×××的诉讼代理人。

通信地址：×××××××× 联系方式：××××××××

申请事项：申请依法对犯罪嫌疑人/被告人×××不予变更强制措施为监视居住。

法律依据：《中华人民共和国刑事诉讼法》第七十四条

事实和理由：

鉴于犯罪嫌疑人/被告人×××并不符合可以变更强制措施为监视居住的法定条件，因此申请人申请对犯罪嫌疑人/被告人×××不予变更强制措施为监视居住。

此致

×××公安局（分局）/人民检察院

申请人：×××律师事务所

××××年××月××日

第三节 不予变更强制措施为取保候审申请书

一、基础知识

（一）法律依据

《中华人民共和国刑事诉讼法》第六十七条 人民法院、人民检察院和公安机关对有下列情形之一的犯罪嫌疑人、被告人，可以取保候审：

（一）可能判处管制、拘役或者独立适用附加刑的；

（二）可能判处有期徒刑以上刑罚，采取取保候审不致发生社会危险性的；

（三）患有严重疾病、生活不能自理，怀孕或者正在哺乳自己婴儿的妇女，采取取保候审不致发生社会危险性的；

（四）羁押期限届满，案件尚未办结，需要采取取保候审的。

取保候审由公安机关执行。

（二）适用情形

当犯罪嫌疑人/被告人及其法定代理人、近亲属、辩护人对犯罪嫌疑人/被告人提出变更强制措施为取保候审时，被害人认为犯罪嫌疑人/被告人不应变更强制措施为取保候审时适用。

（三）申请对象

公安局（分局）、人民检察院。

二、不予变更强制措施为取保候审申请书

不予变更强制措施为取保候审申请书

申请人：×××，×××律师事务所律师，系 ×××涉嫌/被指控×××罪一案控告人/被害人×××的诉讼代理人。

通信地址：××××××××　　　　联系方式：××××××××

申请事项：申请依法对犯罪嫌疑人/被告人×××不予变更强制措施为取保

候审。

法律依据:《中华人民共和国刑事诉讼法》第六十七条

事实和理由:

鉴于犯罪嫌疑人/被告人×××并不符合可以变更强制措施为取保候审的法定条件,因此申请人申请对犯罪嫌疑人/被告人×××不予变更强制措施为取保候审。

此致

×××公安局(分局)/人民检察院

申请人:×××律师事务所

××××年××月××日

第四节 管辖权异议申请书

一、基础知识

(一)法律依据

《中华人民共和国刑事诉讼法》第一百零九条 公安机关或者人民检察院发现犯罪事实或者犯罪嫌疑人,应当按照管辖范围,立案侦查。

第一百一十条 任何单位和个人发现有犯罪事实或者犯罪嫌疑人,有权利也有义务向公安机关、人民检察院或者人民法院报案或者举报。

被害人对侵犯其人身、财产权利的犯罪事实或者犯罪嫌疑人,有权向公安机关、人民检察院或者人民法院报案或者控告。

公安机关、人民检察院或者人民法院对于报案、控告、举报,都应当接受。对于不属于自己管辖的,应当移送主管机关处理,并且通知报案人、控告人、举报人;对于不属于自己管辖而又必须采取紧急措施的,应当先采取紧急措施,然后移送主管机关。

犯罪人向公安机关、人民检察院或者人民法院自首的,适用第三款规定。

第一百一十二条 人民法院、人民检察院或者公安机关对于报案、控告、举报和自首的材料,应当按照管辖范围,迅速进行审查,认为有犯罪事实需要追究刑事责任的时候,应当立案;认为没有犯罪事实,或者犯罪事实显著轻微,不需要追究刑事责任的时候,不予立案,并且将不立案的原因通知控告人。控告人如果不服,可以申请复议。

(二)适用情形

当案件管辖错误时适用,如应当由人民检察院立案管辖却由公安局立案管辖的;应由市级公安局立案管辖却由区级公安局立案管辖的等。

二、管辖权异议申请书

管辖权异议申请书

申请人:×××,×××律师事务所律师,系 ×××涉嫌/被指控×××罪一案控告人/被害人×××的诉讼代理人。

通信地址:×××××××× 联系方式:××××××××

申请事项:申请依法将本案移送至××××××××管辖

法律依据:《中华人民共和国刑事诉讼法》第一百零九条、第一百一十条、第一百一十二条

事实和理由:

申请人接受委托后,通过对案件的进一步了解,认为×××公安局(分局)办理的×××涉嫌/被指控×××罪一案没有管辖权,故提出管辖权异议。

鉴于上述理由,为保障控告人/被害人的诉讼权利,保证本案的公正审理,根据《中华人民共和国刑事诉讼法》的规定,申请依法将本案移送至×××管辖。

此致

×××公安局(分局)/人民检察院

申请人:×××律师事务所

××××年××月××日

第五节 回避申请书

一、基础知识

(一)法律依据

《中华人民共和国刑事诉讼法》第二十九条 审判人员、检察人员、侦查人员有下列情形之一的,应当自行回避,当事人及其法定代理人也有权要求他们回避:

(一)是本案的当事人或者是当事人的近亲属的;

(二)本人或者他的近亲属和本案有利害关系的;

(三)担任过本案的证人、鉴定人、辩护人、诉讼代理人的;

(四)与本案当事人有其他关系,可能影响公正处理案件的。

第三十条 审判人员、检察人员、侦查人员不得接受当事人及其委托的人的请客送礼,不得违反规定会见当事人及其委托的人。

审判人员、检察人员、侦查人员违反前款规定的,应当依法追究法律责任。当事人及其法定代理人有权要求他们回避。

第三十二条 本章关于回避的规定适用于书记员、翻译人员和鉴定人。

辩护人、诉讼代理人可以依照本章的规定要求回避、申请复议。

第四十六条 公诉案件的被害人及其法定代理人或者近亲属,附带民事诉讼的当事人及其法定代理人,自案件移送审查起诉之日起,有权委托诉讼代理人。自诉案件的自诉人及其法定代理人,附带民事诉讼的当事人及其法定代理人,有权随时委托诉讼代理人。

人民检察院自收到移送审查起诉的案件材料之日起三日以内,应当告知被害人及其法定代理人或者其近亲属、附带民事诉讼的当事人及其法定代理人有权委托诉讼代理人。人民法院自受理自诉案件之日起三日以内,应当告知自诉人及其法定代理人、附带民事诉讼的当事人及其法定代理人有权委托诉讼代理人。

《人民检察院刑事诉讼规则》第三十七条 本规则关于回避的规定,适用于书记员、司法警察和人民检察院聘请或者指派的翻译人员、鉴定人。

书记员、司法警察和人民检察院聘请或者指派的翻译人员、鉴定人的回避由检察长决定。

辩护人、诉讼代理人可以依照刑事诉讼法及本规则关于回避的规定要求回避、申请复议。

(二)适用情形

当案件的审判人员、检察人员、侦查人员、书记员、翻译人员和鉴定人存在法定回避事由时适用。

根据《中华人民共和国刑事诉讼法》第四十六条的规定,在公诉案件审查起诉之前,该份申请书的申请人应当是控告人或被害人,需要注明姓名、身份证号、联系方式以及与案件的利害关系,公诉案件审查起诉之后申请人可以是律师即诉讼代理人。

自诉案件不区分阶段,申请人可以是控告人、被害人或律师。

二、回避申请书

回避申请书

申请人:×××,×××律师事务所律师,系×××涉嫌/被指控×××罪一案控告人/被害人×××的诉讼代理人。

通信地址:×××××××× 联系方式:××××××××

申请事项:申请本案办案人员×××回避

法律依据:《中华人民共和国刑事诉讼法》第二十九条、第三十条、第三十二条;《人民检察院刑事诉讼规则》第二十四条

事实和理由:(略)

此致

×××公安局(分局)/检察院/法院

申请人:×××律师事务所

××××年××月××日

第六节 立案监督申请书

一、基础知识

(一)法律依据

《中华人民共和国刑事诉讼法》第一百零九条 公安机关或者人民检察院发现犯罪事实或者犯罪嫌疑人,应当按照管辖范围,立案侦查。

第一百一十三条 人民检察院认为公安机关对应当立案侦查的案件而不立案侦查的,或者被害人认为公安机关对应当立案侦查的案件而不立案侦查,向人民检察院提出的,人民检察院应当要求公安机关说明不立案的理由。人民检察院认为公安机关不立案理由不能成立的,应当通知公安机关立案,公安机关接到通知后应当立案。

(二)适用情形

当案件应予立案却没有被立案,且公安机关的不立案理由不能成立时适用,需要提供相应的控告证据附随在申请书文后。由于立案监督一定是发生在案件立案阶段,即审查起诉阶段之前,因此该份申请书的申请人只能是控告人或被害人。

(三)申请对象

人民检察院。

二、立案监督申请书

立案监督申请书

申请人:×××,身份证号××××××××××××××××××,系×××涉嫌×××罪一案的控告人/被害人。联系方式:××××××××

被申请人:×××公安局(分局)

申请事项:恳请贵院依法履行立案监督职责,依法对被申请人的立案活动进行监督,并依法通知被申请人立案。

法律依据:《中华人民共和国刑事诉讼法》第一百零九条、第一百一十三条

事实和理由:(略)

此致

×××人民检察院

申请人:×××律师事务所

××××年××月××日

附:1. 证据1;

2. 证据2;

第七节 被害人参加庭前会议申请书

一、基础知识

(一)法律依据

《中华人民共和国刑事诉讼法》第一百八十七条第二款 在开庭以前,审判人员可以召集公诉人、当事人和辩护人、诉讼代理人,对回避、出庭证人名单、非法证据排除等与审判相关的问题,了解情况,听取意见。

(二)适用情形

当被害人需要对回避及出庭证人名单、非法证据排除等与审判相关的问题,了解情况,听取意见时适用。

(三)申请对象

人民法院。

二、被害人参加庭前会议申请书

被害人参加庭前会议申请书

申请人:×××,×××律师事务所律师,系 ×××涉嫌/被指控×××罪一案控告人/被害人×××的诉讼代理人。

通信地址:××××××××　　　　联系方式:××××××××

申请事项:准许被害人×××参加庭前会议

法律依据:《中华人民共和国刑事诉讼法》第一百八十七条第二款

事实和理由:因被害人×××反映×××涉嫌/被指控×××罪一案存在××××××××等情况,申请人作为其诉讼代理人,申请贵院准许被害人参加庭前会议,以便贵院对××××××××与审判相关的问题了解情况,听取意见。

此致

×××人民法院

申请人:×××律师事务所

××××年××月××日

第八节 不公开审理申请书

一、基础知识

(一)法律依据

《中华人民共和国刑事诉讼法》第一百八十八条 人民法院审判第一审案件应当公开进行。但是有关国家秘密或者个人隐私的案件,不公开审理;涉及商业秘密的案件,当事人申请不公开审理的,可以不公开审理。

不公开审理的案件,应当当庭宣布不公开审理的理由。

(二)适用情形

当被害人认为案件涉及个人隐私、商业秘密需要不公开审理时适用。

(三)申请对象

人民法院

二、不公开审理申请书

不公开审理申请书

申请人:×××,×××律师事务所律师,系 ×××被指控×××罪一案控告人/被害人×××的诉讼代理人。

通信地址:××××××××　　　　联系方式:××××××××

申请事项:申请贵院依法对被告人×××被指控×××罪一案予以不公开

审理。

法律依据:《中华人民共和国刑事诉讼法》第一百八十八条

事实和理由:(略)

申请人申请贵院对本案不公开审理。

此致

×××人民法院

申请人: ×××律师事务所

××××年××月××日

第九节 应予批准逮捕的意见

一、基础知识

(一)法律依据

《中华人民共和国刑事诉讼法》第八十一条 对有证据证明有犯罪事实,可能判处徒刑以上刑罚的犯罪嫌疑人、被告人,采取取保候审尚不足以防止发生下列社会危险性的,应当予以逮捕:

(一)可能实施新的犯罪的;

(二)有危害国家安全、公共安全或者社会秩序的现实危险的;

(三)可能毁灭、伪造证据,干扰证人作证或者串供的;

(四)可能对被害人、举报人、控告人实施打击报复的;

(五)企图自杀或者逃跑的。

批准或者决定逮捕,应当将犯罪嫌疑人、被告人涉嫌犯罪的性质、情节,认罪认罚等情况,作为是否可能发生社会危险性的考虑因素。

对有证据证明有犯罪事实,可能判处十年有期徒刑以上刑罚的,或者有证据证明有犯罪事实,可能判处徒刑以上刑罚,曾经故意犯罪或者身份不明的,应当予以逮捕。

被取保候审、监视居住的犯罪嫌疑人、被告人违反取保候审、监视居住规定,情节严重的,可以予以逮捕。

第九十四条 人民法院、人民检察院对于各自决定逮捕的人，公安机关对于经人民检察院批准逮捕的人，都必须在逮捕后的二十四小时以内进行讯问。在发现不应当逮捕的时候，必须立即释放，发给释放证明。

(二)适用情形

当案件进入由人民检察院批准逮捕阶段时适用，注意一定要在批准逮捕之前递交。由于批准逮捕一定是发生在案件侦查阶段，即审查起诉阶段之前，因此该份文书的书写视角只能是控告人或被害人。

若是人民法院直接受理的自诉案件，人民法院可以决定逮捕，由办案人员提交法院院长决定，对于重大、疑难、复杂案件的被告人的逮捕，提交审判委员会讨论决定。人民法院决定逮捕的，由法院院长签发《决定逮捕通知书》，通知公安机关执行。如果是公诉案件，还应当通知人民检察院。如符合此情形，无需书写“该案现已由×××公安局(分局)侦查，提请贵院批准逮捕。”

(三)提交对象

人民检察院或人民法院(直接受理的自诉案件)。

二、应予批准逮捕的意见

应予批准逮捕的意见

×××人民检察院/人民法院：

本人系×××涉嫌×××罪一案的控告人/被害人×××，身份证号××××××××××××××，联系方式××××××××。

该案现已由×××公安局(分局)提请贵院批准逮捕。本人作为控告人/被害人，现结合相关法律法规、司法解释及相关指导案例，提出应予批准逮捕的意见具体如下：

(一)本案符合“有证据证明有犯罪事实”的批准逮捕法定条件；

(二)基于本案事实，犯罪嫌疑人×××可能判处十年有期徒刑以上刑罚的，或者有证据证明有犯罪事实，可能判处徒刑以上刑罚，曾经故意犯罪或者身份不明的；

(三)犯罪嫌疑人×××具有社会危险性，符合批准逮捕条件；

(四)犯罪嫌疑人×××不符合《中华人民共和国刑事诉讼法》规定的取保候审的法定情形。

以上意见,诚望贵院予以采纳!

签字捺印:×××

××××年××月××日

第十节 主持刑事和解申请书

一、基础知识

(一)法律依据

《中华人民共和国刑事诉讼法》第四十六条 公诉案件的被害人及其法定代理人或者近亲属,附带民事诉讼的当事人及其法定代理人,自案件移送审查起诉之日起,有权委托诉讼代理人。自诉案件的自诉人及其法定代理人,附带民事诉讼的当事人及其法定代理人,有权随时委托诉讼代理人。

人民检察院自收到移送审查起诉的案件材料之日起三日以内,应当告知被害人及其法定代理人或者其近亲属、附带民事诉讼的当事人及其法定代理人有权委托诉讼代理人。人民法院自受理自诉案件之日起三日以内,应当告知自诉人及其法定代理人、附带民事诉讼的当事人及其法定代理人有权委托诉讼代理人。

第二百八十八条 下列公诉案件,犯罪嫌疑人、被告人真诚悔罪,通过向被害人赔偿损失、赔礼道歉等方式获得被害人谅解,被害人自愿和解的,双方当事人可以和解:

(一)因民间纠纷引起,涉嫌刑法分则第四章、第五章规定的犯罪案件,可能判处三年有期徒刑以下刑罚的;

(二)除渎职犯罪以外的可能判处七年有期徒刑以下刑罚的过失犯罪案件。

犯罪嫌疑人、被告人在五年以内曾经故意犯罪的,不适用本章规定的程序。

第二百八十九条 双方当事人和解的，公安机关、人民检察院、人民法院应当听取当事人和其他有关人员的意见，对和解的自愿性、合法性进行审查，并主持制作和解协议书。

(二)适用情形

当控告人/被害人想要和解，希望公安机关、人民检察院、人民法院出面主持以保证和解效力时适用。

根据《中华人民共和国刑事诉讼法》第四十六条，公诉案件审查起诉之前，该份申请书的申请人应当是控告人或被害人，需要注明姓名、身份证号、联系方式以及与案件的利害关系即可，公诉案件审查起诉之后申请人可以是律师即诉讼代理人。

自诉案件不区分阶段，申请人可以是控告人、被害人或律师。

二、主持刑事和解申请书

主持刑事和解申请书

申请人：×××，×××律师事务所律师，系 ×××涉嫌/被指控×××罪一案控告人/被害人×××的诉讼代理人。

通信地址：×××××××× 联系方式：××××××××

申请事项：申请贵×××(院、局)依法主持犯罪嫌疑人/被告人×××与控告人/被害人×××的和解程序。

法律依据：《中华人民共和国刑事诉讼法》第四十六条、第二百八十八条、第二百八十九条。

事实和理由：(略)

申请人认为本案具有××××××××××，符合法定和解条件，申请贵×××(局、院)主持双方当事人的和解程序。

此致

×××公安局(分局)/检察院/法院

申请人：×××律师事务所

××××年××月××日

第十一节 适用简易程序建议书

一、基础知识

(一)法律依据

《中华人民共和国刑事诉讼法》第二百一十四条 基层人民法院管辖的案件,符合下列条件的,可以适用简易程序审判:

(一)案件事实清楚、证据充分的;

(二)被告人承认自己所犯罪行,对指控的犯罪事实没有异议的;

(三)被告人对适用简易程序没有异议的。

人民检察院在提起公诉的时候,可以建议人民法院适用简易程序。

(二)适用情形

当被害人认为基层法院管辖的案件符合法律规定,适用简易程序能更有效率地审判被告人时适用。

(三)建议对象

人民法院。

二、适用简易程序建议书

适用简易程序建议书

建议人:×××,×××律师事务所律师,系 ×××被指控×××罪一案控告人/被害人×××的诉讼代理人。

通信地址:×××××××× 联系方式:××××××××

建议事项:建议对×××被指控×××罪一案一审适用简易程序审判

法律依据:《中华人民共和国刑事诉讼法》第二百一十四条

事实和理由:(略)

建议人认为具有以下可以适用简易程序的情形:××××××××(案件事实清楚、证据充分的;被告人承认自己所犯罪行,对指控的犯罪事实没有异议的;被告人对适用简易程序没有异议的),建议贵院对本案适用简易程序审判。

此致

×××人民法院

建议人:×××律师事务所

××××年××月××日

第十二节 延期/中止审理申请书

一、基础知识

(一)法律依据

《中华人民共和国刑事诉讼法》第二百零四条 在法庭审判过程中,遇有下列情形之一,影响审判进行的,可以延期审理:

(一)需要通知新的证人到庭,调取新的物证,重新鉴定或者勘验的;

(二)检察人员发现提起公诉的案件需要补充侦查,提出建议的;

(三)由于申请回避而不能进行审判的。

第二百零六条 在审判过程中,有下列情形之一,致使案件在较长时间内无法继续审理的,可以中止审理:

(一)被告人患有严重疾病,无法出庭的;

(二)被告人脱逃的;

(三)自诉人患有严重疾病,无法出庭,未委托诉讼代理人出庭的;

(四)由于不能抗拒的原因。

中止审理的原因消失后,应当恢复审理。中止审理的期间不计入审理期限。

(二)适用情形

当发生法定可以申请延期或中止审理事由时适用,所依据的法律依据不同,延期适用《中华人民共和国刑事诉讼法》第二百零四条,中止适用《中华人民共和国刑事诉讼法》第二百零六条,注意甄别。

(三)申请对象

人民法院。

二、延期/中止审理申请书

延期/中止审理申请书

申请人:×××,×××律师事务所律师,系 ×××被指控×××罪一案控告人/被害人×××的诉讼代理人。

通信地址:×××××××× 联系方式:××××××××

申请事项:申请对贵院受理的×××被指控×××罪一案,案号为××××××××予以延期/中止审理。

法律依据:《中华人民共和国刑事诉讼法》第二百零四条或第二百零六条。

事实和理由:(略)

申请人申请贵院对本案延期/中止审理。

此致

×××人民法院

申请人:×××律师事务所

××××年××月××日

第十三节 通知侦查人员出庭申请书

一、基础知识

(一)法律依据

《中华人民共和国刑事诉讼法》第五十九条 在对证据收集的合法性进行法庭调查的过程中,人民检察院应当对证据收集的合法性加以证明。

现有证据材料不能证明证据收集的合法性的,人民检察院可以提请人民法院通知有关侦查人员或者其他人员出庭说明情况;人民法院可以通知有关侦查人员或者其他人员出庭说明情况。有关侦查人员或者其他人员也可以要求出庭说明情况。经人民法院通知,有关人员应当出庭。

(二)适用情形

被害人认为需要侦查人员出庭说明情况时适用。

(三)申请对象

人民法院。

二、通知侦查人员出庭申请书

通知侦查人员出庭申请书

申请人:×××,×××律师事务所律师,系 ×××被指控×××罪一案控告人/被害人×××的诉讼代理人。

通信地址:××××××××　　　　联系方式:××××××××

申请事项:申请通知侦查人员×××出庭说明情况。

法律依据:《中华人民共和国刑事诉讼法》第五十九条。

事实和理由:×××系×××被指控×××罪一案的侦查人员,其负责侦查的××××××××存在××××××××。为查清案件事实、依法公正裁判,申请人认为需要其出庭说明情况,期望贵院准许。

此致

×××人民法院

申请人:×××律师事务所

××××年××月××日

第十四节 补充鉴定申请书

一、基础知识

(一)法律依据

《中华人民共和国刑事诉讼法》第一百四十八条 侦查机关应当将用作证据的鉴定意见告知犯罪嫌疑人、被害人。如果犯罪嫌疑人、被害人提出申请,可以补充鉴定或者重新鉴定。

(二)适用情形

当被害人对本案用作证据的鉴定意见有异议或认为有补充必要性时适用。

二、补充鉴定申请书

补充鉴定申请书

申请人:×××,×××律师事务所律师,系 ×××涉嫌/被指控×××罪一案控告人/被害人×××的诉讼代理人。

通信地址:×××××××× 联系方式:××××××××

申请事项:申请对××××××××补充鉴定。

法律依据:《中华人民共和国刑事诉讼法》第一百四十八条。

事实和理由:申请人发现本案关于××××××××存在以下问题:

(略)

为查清案件事实,依法公正裁判,特申请对××××××××进行补充鉴定,望予以准许。

此致

×××公安局(分局)/检察院/法院

申请人:×××律师事务所

××××年××月××日

第十五节 鉴定/勘验/检查/侦查实验申请书

一、基础知识

(一)法律依据

《中华人民共和国刑事诉讼法》第一百二十八条 侦查人员对于与犯罪有关的场所、物品、人身、尸体应当进行勘验或者检查。在必要的时候,可以指派或者聘请具有专门知识的人,在侦查人员的主持下进行勘验、检查。

第一百三十五条 为了查明案情,在必要的时候,经公安机关负责人批准,可以进行侦查实验。

侦查实验的情况应当写成笔录，由参加实验的人签名或者盖章。

侦查实验，禁止一切足以造成危险、侮辱人格或者有伤风化的行为。

第一百四十六条 为了查明案情，需要解决案件中某些专门性问题的时候，应当指派、聘请有专门知识的人进行鉴定。

(二)适用情形

被害人认为为了查明案情，需要解决案件中某些专门性问题时适用。

二、鉴定/勘验/检查/侦查实验申请书

鉴定/勘验/检查/侦查实验申请书

申请人：×××，×××律师事务所律师，系×××涉嫌/被指控×××罪一案控告人/被害人×××的诉讼代理人。

通信地址：×××××××× 联系方式：××××××××

申请事项：进行××××××××鉴定/勘验/检查/侦查实验。

法律依据：《中华人民共和国刑事诉讼法》第一百四十六条或第一百二十八或第一百三十五条。

事实和理由：申请人发现本案关于××××××××存在以下问题：

(略)

为查清案件事实，依法公正裁判，特申请对××××××××进行××××××××，望予以准许。

此致

×××公安局(分局)/检察院/法院

申请人：×××律师事务所

××××年××月××日

第十六节 重新做鉴定/勘验/检查/侦查实验申请书

一、基础知识

(一)法律依据

《中华人民共和国刑事诉讼法》第一百二十八条 侦查人员对于与犯罪有关的场所、物品、人身、尸体应当进行勘验或者检查。在必要的时候,可以指派或者聘请具有专门知识的人,在侦查人员的主持下进行勘验、检查。

第一百三十五条 为了查明案情,在必要的时候,经公安机关负责人批准,可以进行侦查实验。

侦查实验的情况应当写成笔录,由参加实验的人签名或者盖章。

侦查实验,禁止一切足以造成危险、侮辱人格或者有伤风化的行为。

第一百四十八条 侦查机关应当将用作证据的鉴定意见告知犯罪嫌疑人、被害人。如果犯罪嫌疑人、被害人提出申请,可以补充鉴定或者重新鉴定。

(二)适用情形

当被害人对本案用作证据的鉴定/勘验/检查/侦查实验有异议或认为有补充必要性时适用。

二、重新做鉴定/勘验/检查/侦查实验申请书

重新做鉴定/勘验/检查/侦查实验申请书

申请人:×××,×××律师事务所律师,系 ×××涉嫌/被指控×××罪一案控告人/被害人×××的诉讼代理人。

通信地址:×××××××× 联系方式:××××××××

申请事项:申请对××××××××重新做鉴定/勘验/检查/侦查实验。

法律依据:《中华人民共和国刑事诉讼法》第一百四十八条或第一百二十八或第一百三十五条。

事实和理由:申请人发现本案关于××××××××存在以下问题:

(略)

为查清案件事实,依法公正裁判,特申请对××××××××进行××××××××,望

予以准许。

此致

×××公安局（分局）/检察院/法院

申请人：×××律师事务所

××××年××月××日

第十七节 非法证据排除申请书

一、基础知识

（一）法律依据

最高人民法院关于适用《中华人民共和国刑事诉讼法》的解释（2021）第一百二十五条 采用暴力、威胁以及非法限制人身自由等非法方法收集的证人证言、被害人陈述，应当予以排除。

第一百二十六条第一款 收集物证、书证不符合法定程序，可能严重影响司法公正的，应当予以补正或者作出合理解释；不能补正或者作出合理解释的，对该证据应当予以排除。

第一百二十七条 当事人及其辩护人、诉讼代理人申请人民法院排除以非法方法收集的证据的，应当提供涉嫌非法取证的人员、时间、地点、方式、内容等相关线索或者材料。

第一百二十九条 开庭审理前，当事人及其辩护人、诉讼代理人申请人民法院排除非法证据的，人民法院应当在开庭前及时将申请书或者申请笔录及相关线索、材料的复制件送交人民检察院。

（二）适用情形

当控告人/被害人的诉讼代理人发现本案存在非法证据时，且该非法证据可能会影响犯罪嫌疑人/被告人定罪量刑时适用。

例如：证明犯罪嫌疑人/被告人存在自首情节的证人证言，诉讼代理人审查该证据时发现证人证言是在诱导、哄骗的情况下做出的，或者存在侦查人员人数不足2人等不合法情形，此时可以制作此文书申请排除该非法证据；证明犯罪嫌疑人/被告人是精神病的鉴定意见的出具单位不具有相应的鉴定资质，此时可以制作此文书申请排除该非法证据。

（三）申请对象

人民检察院/人民法院。

二、非法证据排除申请书

非法证据排除申请书

申请人：×××，×××律师事务所律师，系 ×××涉嫌/被指控×××罪一案控告人/被害人×××的诉讼代理人。

通信地址：×××××××× 联系方式：××××××××

申请事项：申请排除下列不合法证据，×××证据（略）。

法律依据：最高人民法院关于适用《中华人民共和国刑事诉讼法》的解释（2021）第一百二十五条、第一百二十六条、第一百二十七条、第一百二十九条。

事实和理由：（略）

申请排除此份证据的原因：（略）

基于上述事实和理由，申请贵院排除上述非法证据，不能作为认定案件事实的依据。

此致

×××人民检察院/人民法院

申请人：×××律师事务所

××××年××月××日

第十八节 由办案单位收集、调取证据申请书

一、基础知识

（一）法律依据

《中华人民共和国律师法》第三十五条 受委托的律师根据案情的需要，可

以申请人民检察院、人民法院收集、调取证据或者申请人民法院通知证人出庭作证。

律师自行调查取证的，凭律师执业证书和律师事务所证明，可以向有关单位或者个人调查与承办法律事务有关的情况。

《人民检察院刑事诉讼规则》第五十二条 案件移送起诉后，辩护律师依据刑事诉讼法第四十三条第一款的规定申请人民检察院收集、调取证据的，人民检察院负责捕诉的部门应当及时审查。经审查，认为需要收集、调取证据的，应当决定收集、调取并制作笔录附卷；决定不予收集、调取的，应当书面说明理由。

人民检察院根据辩护律师的申请收集、调取证据时，辩护律师可以在场。

第五十六条第二款 律师担任诉讼代理人，需要申请人民检察院收集、调取证据的，参照本规则第五十二条的规定办理。

（二）适用情形

当被害人的诉讼代理人需要调查取证但无法自行收集时适用。

（三）申请对象

人民检察院/人民法院。

二、由办案单位收集、调取证据申请书

由办案单位收集、调取证据申请书

申请人：×××，×××律师事务所律师，系 ×××涉嫌/被指控×××罪一案控告人/被害人×××的诉讼代理人。

通信地址：××××××××　　　　联系方式：××××××××

申请事项：申请贵院向××××××××收集、调取××××××××。

法律依据：《人民检察院刑事诉讼规则》第五十二条、第五十六条第二款；《中华人民共和国律师法》第三十五条。

事实和理由：申请人认为××××××××了解的案件情况或掌握的证据材料对本案定罪、量刑有重要作用，需向其收集、调取，特申请贵院予以收集、调取。

此致

×××人民检察院/人民法院

申请人：×××律师事务所

××××年××月××日

第十九节 对出庭的证人/鉴定人/有专门知识的人员名单异议书

一、基础知识

(一)法律依据

《中华人民共和国刑事诉讼法》**第一百九十七条** 法庭审理过程中,当事人和辩护人、诉讼代理人有权申请通知新的证人到庭,调取新的物证,申请重新鉴定或者勘验。

公诉人、当事人和辩护人、诉讼代理人可以申请法庭通知有专门知识的人出庭,就鉴定人作出的鉴定意见提出意见。

法庭对于上述申请,应当作出是否同意的决定。

第二款规定的有专门知识的人出庭,适用鉴定人的有关规定。

(二)适用情形

当被害人对出庭的证人/鉴定人/有专门知识的人员有异议时,如对鉴定人的鉴定资质有异议,有专门知识的人与本案存在利害关系时适用。

(三)申请对象

人民法院。

二、对出庭的证人/鉴定人/有专门知识的人员名单异议书

对出庭的证人/鉴定人/有专门知识的人员名单异议书

异议人:×××,×××律师事务所律师,系 ×××涉嫌/被指控×××罪一案控告人/被害人×××的诉讼代理人。

通信地址:××××××××　　　　　　联系方式:××××××××

异议事项:对出庭的证人/鉴定人/有专门知识的人员名单提出异议。

法律依据:《中华人民共和国刑事诉讼法》第一百九十七条。

事实和理由:本案中出庭的证人/鉴定人/有专门知识的人员存在××××××××情况,因此申请人对其出庭有异议,特申请贵院对××××××××情况予以核实并更换名单。

此致

×××人民法院

异议人:×××律师事务所

××××年××月××日

第二十节 收集、调取疑似特情人员情况说明申请书

一、基础知识

(一)法律依据

《中华人民共和国律师法》第三十五条第一款 受委托的律师根据案情的需要,可以申请人民检察院、人民法院收集、调取证据或者申请人民法院通知证人出庭作证。

《人民检察院刑事诉讼规则》第五十二条 案件移送起诉后,辩护律师依据刑事诉讼法第四十三条第一款的规定申请人民检察院收集、调取证据的,人民检察院负责捕诉的部门应当及时审查。经审查,认为需要收集、调取证据的,应当决定收集、调取并制作笔录附卷;决定不予收集、调取的,应当书面说明理由。

人民检察院根据辩护律师的申请收集、调取证据时,辩护律师可以在场。

第五十六条第二款 律师担任诉讼代理人,需要申请人民检察院收集、调取证据的,参照本规则第五十二条的规定办理。

(二)适用情形

经过阅卷后,发现本案可能存在特情,并且梳理人物关系图后能够大致定位疑似的特情人员时,被害人的诉讼代理人需要调查取证其身份时适用。

在案件中,特殊情况未必完全有利于被害人,但诉讼代理人需要了解全案,掌握案件的特殊情况可以对后续工作的展开打开新思路,应对被告人方的诉求及质证。

(三)申请对象

人民检察院或人民法院,也可同时向其申请。

二、收集、调取疑似特情人员情况说明申请书

收集、调取疑似特情人员情况说明申请书

申请人:×××,×××律师事务所律师,系 ×××涉嫌/被指控×××罪一案控告人/被害人×××的诉讼代理人。

通信地址:××××××××　　　　联系方式:××××××××

申请事项:申请贵院收集、调取×××是否为特情人员的情况说明。

法律依据:《中华人民共和国律师法》第三十五条第一款、《人民检察院刑事诉讼规则》第五十二条、第五十六条第二款。

事实和理由:本案侦查来源于特情举报线索,而特情存在与否决定本案的量刑,本案中×××作为××××××××的情况需要了解,但卷宗中并未详细体现,×××也并没有被侦查机关抓捕,存在其为特情人员的合理怀疑。申请人认为×××是否为特情的说明对犯罪嫌疑人/被告人定罪、量刑有重要作用,需收集、调取,特申请贵院予以收集、调取。

此致

×××人民检察院 /人民法院

申请人:×××律师事务所

××××年××月××日

第二十一节 收集、调取通话记录证据申请书

一、基础知识

(一)法律依据

《中华人民共和国律师法》第三十五条第一款 受委托的律师根据案情的需要,可以申请人民检察院、人民法院收集、调取证据或者申请人民法院通知证人出庭作证。

《人民检察院刑事诉讼规则》第五十二条 案件移送起诉后,辩护律师依据

刑事诉讼法第四十三条第一款的规定申请人民检察院收集、调取证据的，人民检察院负责捕诉的部门应当及时审查。经审查，认为需要收集、调取证据的，应当决定收集、调取并制作笔录附卷；决定不予收集、调取的，应当书面说明理由。

人民检察院根据辩护律师的申请收集、调取证据时，辩护律师可以在场。

第五十六条第二款 律师担任诉讼代理人，需要申请人民检察院收集、调取证据的，参照本规则第五十二条的规定办理。

（二）适用情形

当控告人/被害人的诉讼代理人认为通话记录对本案犯罪嫌疑人/被告人定罪、量刑具有重要作用时适用。

（三）申请对象

人民检察院或人民法院，也可同时向其申请。

二、收集、调取通话记录证据申请书

收集、调取通话记录证据申请书

申请人：×××，×××律师事务所律师，系 ×××涉嫌/被指控×××罪一案控告人/被害人×××的诉讼代理人。

通信地址：××××××××　　　　　联系方式：××××××××

申请事项：申请贵院收集、调取×××与×××在××××年××月-××××年××月的通话记录。

法律依据：《中华人民共和国律师法》第三十五条第一款、《人民检察院刑事诉讼规则》第五十二条、第五十六条第二款。

事实和理由：申请人认为上述通话记录能够体现××××××××情节，对犯罪嫌疑人/被告人定罪、量刑有重要作用，需收集、调取。特申请贵院予以收集、调取。

此致

×××人民检察院/人民法院

申请人：×××律师事务所

××××年××月××日

第二十二节 证人出庭申请书

一、基础知识

(一)法律依据

《中华人民共和国刑事诉讼法》第六十二条 凡是知道案件情况的人,都有作证的义务。

生理上、精神上有缺陷或者年幼,不能辨别是非、不能正确表达的人,不能作证人。

(二)适用情形

当控告人/被害人的诉讼代理人认为某证人对本案犯罪嫌疑人/被告人定罪、量刑具有重要作用时适用。

(三)申请对象

人民检察院或人民法院,也可同时向其申请。

二、证人出庭申请书

证人出庭申请书

申请人:×××,×××律师事务所律师,系 ×××涉嫌/被指控×××罪一案控告人/被害人×××的诉讼代理人。

通信地址:××××××××　　　　　　联系方式:××××××××

申请事项:申请证人×××出庭。

法律依据:《中华人民共和国刑事诉讼法》六十二条。

事实和理由:申请人认为×××系本案的证人,可能了解本案的××××××××情况,对本案定罪量刑具有关键作用。为查清案件事实、依法公正裁判,申请人认为需要其出庭说明情况,提出申请,望予以准许。

此致

×××人民检察院/人民法院

申请人: ×××律师事务所

××××年××月××日

第五章 阅卷相关材料及审查

此章的若干表格是刑事案件控告人/被害人的诉讼代理人在阅卷过程中需要填写的,即在阅卷过程中完成对证据材料形式与实质双重审查。

刑事案件卷宗数量多,证据种类复杂,因此,有必要在阅卷过程中制作以下表格来提高办案效率。在阅卷的过程中通过记录来整理案件的证据,并发现有利于被害人的信息或对质被告人方的质证,为诉讼代理工作的展开奠定良好基础。

第一节 全部卷宗目录

一、基础知识

虽然刑事案件每本卷宗都有独立的目录,但是分散在各本卷宗里,而且有的卷宗目录过于笼统,如刑事侦查卷2第100-178页证人证言,无法从中获悉这79页证人证言是何时何地何人做出的。想要依靠分散的卷宗目录检索某份材料效率不高,因此全部卷宗目录的作用就此体现。并且在制作全部卷宗目录时,也是在大致浏览案件的全部卷宗内容,能够为之后的详细阅卷做好准备工作,为后续的工作打下基础。

全部卷宗目录的制作并不要求穷尽每份材料的具体内容,只要能把卷—页、证据名称、时间、主要内容相应标注出来即可,做到只看这一份全部卷宗目录便能定位各份材料所在卷宗以及大致的内容。

二、全部卷宗目录

刘某诈骗案全部卷宗目录（附示例）

卷一页	证据名称	制作时间	制作主体（人、单位）	主要内容
证据材料卷1-4	拘留证	2022.4.8	×××警官、×××警官、×××市×××区公安局缉毒大队。	犯罪嫌疑人2022.4.8拘留于×××市第一看守所。

第二节 法律手续摘录表

一、基础知识

程序的质证是目前的趋势，法律手续记录着刑事诉讼程序，制作法律手续摘录表的过程就是在审查个案是否存在刑事诉讼程序瑕疵或违法情形。该表应当包括立案、侦查、首次讯问、何时拘留、何时延长拘留、何时提请逮捕、何时批准逮捕、何时侦查终结、何时移送检察机关审查起诉等一系列刑事案件程序，通过各项来分析判断是否存在刑事诉讼程序瑕疵或违法，所发现的点很有可能是诉讼代理人办案的突破点。

程序正义是每一位法律工作者所追求的完善法治建设目标之一，有些时候程序问题可能会被忽略，进而可能影响案件走向，因此法律手续摘录表作为阅卷工作规范化表格之一不可或缺。

二、法律手续摘录表

刘某诈骗案法律手续摘录表（附示例）

卷一页	证据名称	出具单位	执行人	日期（备注种类）	主要内容
证据材料卷1-4	拘留证	×××市×××区公安局缉毒大队	×××警官、×××警官。	2022.4.8（制作日期）	犯罪嫌疑人2022.4.8拘留于×××市第一看守所。
证据材料卷2-7	不予变更强制措施通知书	×××市公安局		2022.5.7（出具日期）	仍有羁押必要

第三节 法官、检察官、办案人员、证人、鉴定机构、鉴定人员、有专门知识的人资质审查表

一、基础知识

(一)法官

1. 是否由人大任命;
2. 是否员额制;
3. 是否有回避事由;
4. 是否有管辖错误。

(二)检察官

1. 是否由人大任命;
2. 是否员额制;
3. 是否有回避事由;
4. 是否有管辖错误。

(三)办案人员

1. 是否具有法律职业资格;
2. 是否有有效警官证;
3. 办案职权是否涵盖本案。

(四)证人

1. 年龄;
2. 责任能力;
3. 作证内容能否与年龄、致力相当;
4. 与本案有无利害关系。

(五)鉴定机构

1. 是否具备法定资质以及资质是否在有效期内;
2. 鉴定项目是否属于鉴定机构的业务范围。

(六)鉴定人员

1.鉴定人是否具备法定资质及资质是否在有效期内;

2.鉴定人数是否达到法定标准;

3.鉴定项目是否属于鉴定人员的业务范围;

4.鉴定人是否违反回避规定;

5.鉴定人是否直接参与鉴定活动。

(七)有专门知识的人

1.有专门知识的人是否具备法定资质及资质是否在有效期内;

2.有专门知识的人数是否达到法定标准;

3.是否属于有专门知识的人的业务范围;

4.有专门知识的人是否违反回避规定;

5.有专门知识的人是否直接参与鉴定活动。

注:如有其他考查事项,可酌情加入。

二、法官、检察官、办案人员、证人、鉴定机构、鉴定人员、有专门知识的人资质审查表

刘某诈骗案法官、检察官、办案人员、证人、鉴定机构、鉴定人员、

有专门知识的人资质审查表(附示例)

法官	检察官	办案人员	证人	鉴定机构	鉴定人员	有专门知识的人
1.由人大任命; 2.员额制; 3.无回避事由; 4.无管辖错误。	1.由人大任命; 2.员额制; 3.无回避事由; 4.无管辖错误。	1.具有法律职业资格; 2.有有效警官证; 3.办案职权涵盖本案。	1.25岁; 2.完全责任能力; 3.作证内容能与年龄、致力相当; 4.与本案无利害关系。	1.具备法定资质以及资质在有效期内; 2.鉴定项目属于鉴定机构的业务范围。	1.鉴定人具备法定资质及资质在有效期内; 2.鉴定人数达到法定标准; 3.鉴定项目属于鉴定人员的业务范围; 4.鉴定人没有违反回避规定; 5.鉴定人直接参与鉴定活动。	1.有专门知识的人具备法定资质及资质在有效期内; 2.有专门知识的人数达到法定标准; 3.属于有专门知识的人的业务范围; 4.有专门知识的人没有违反回避规定; 5.有专门知识的人不直接参与鉴定活动。

第四节 全部讯问笔录形式审查表

一、基础知识

刑事案件卷宗中基本都有若干讯问笔录，这些讯问笔录分散在不同的卷宗中，篇幅居多，若不进行记录恐难从中发现办案的症结点。全部讯问笔录形式审查表将案件卷宗中所有的讯问笔录的形式内容汇总，能够清晰直观地定位某人某时某次的讯问笔录在哪本卷宗的哪一页，这样当诉讼代理人想要回看某一份讯问笔录时能极大地提升检索的效率。

全部讯问笔录形式审查表无须穷尽注明每一份讯问笔录的具体内容，可以把它当作案件全部讯问笔录的目录，其与犯罪嫌疑人、被告人供述和辩解供述对比表、审查表结合起来，能够起到很好的互补作用。

二、全部讯问笔录形式审查表

刘某诈骗案全部讯问笔录形式审查表（附示例）

总序号	姓名	序号	证据名称	证据类型	时间	时长	地点	讯问人	卷一页
1	刘某	1	讯问笔录	犯罪嫌疑人、被告人供述和辩解	2022.4.5 9:00–9:57	57分钟	××× 市看守所	×××警官、×××警官	证据材料卷1–79
		2	讯问笔录						
		3	讯问笔录						
		4	讯问笔录						
		5	讯问笔录						
2	王某	1	讯问笔录						
		2	讯问笔录						
		3	讯问笔录						

第五节 犯罪嫌疑人、被告人供述和辩解供述对比表

一、基础知识

犯罪嫌疑人、被告人供述和辩解供述对比表是刑事案件阅卷过程中一定要细心认真制作的表格之一，其作用在于通读全表能够审查出讯问程序是否存在瑕疵或违法，并能够清楚直观地获悉同一供述人在不同时间分别供述的同一事实是否同一，若不同一存在哪些矛盾，这些对于诉讼代理人来说都是办案过程中需要抓住的重要症结点。

二、犯罪嫌疑人、被告人供述和辩解对比表

刘某诈骗案犯罪嫌疑人、被告人供述和辩解对比表（附示例）

卷一页	被讯问人	讯问时间	时长	讯问地点	讯问人	主要内容
证据材料卷1-80	刘某	2022.4.5 9:00-9:57	57分钟	×××市看守所	×××警官、×××警官	刘某供述王某系主犯，其本人只是遵王某吩咐行事。
证据材料卷1-84	刘某	2022.4.8 13:20-14:00	40分钟	×××市看守所	×××警官、×××警官	刘某供述其与王某合伙。

第六节 犯罪嫌疑人、被告人供述和辩解审查表

一、基础知识

(一)诉讼权利义务告知书

在讯问之前是否告知被讯问人诉讼权利义务,是否有诉讼权利义务告知书,并且被讯问人签字捺印。

(二)讯问笔录结构

1.看标题是讯问笔录还是询问笔录,一字之差内涵不同;

2.看次数,笔录是否完整,多次笔录的原因;

3.看时间,与笔录长度是否对应,与其他证据出现的先后顺序,是否自首,讯问笔录的时长与同步录音录像是否一致;

4.看地点,羁押以后是否在看守所进行讯问;

5.看讯问人及其人数,是否为“分身”,是否有资格;

6.看供述人身份、年龄、与案件关系,有无特殊身份;

7.看制作、修改、核对情况,供述人是否核对确认笔录并亲自签字捺印,是否向无阅读能力的供述人宣读笔录,全文有无复制粘贴涂改;

8.看页码,有无缺页错页。

(三)讯问笔录内容

1.看讯问方式;

2.看讯问笔录之间的矛盾之处;

3.看常识,案发过程是否符合常识,案情是否符合常识,对案件结果态度是否符合常识;

4.看讯问笔录之间是否互相印证;

5.看非法证据,是否存在采用非法拘禁等限制人身自由的方法收集供述,是否存在通过威胁的方法收集供述,是否存在诱供、指供、骗供,是否存在通过施用药物、催眠等方式进行审讯,是否存在通过刑讯逼供等非法方式获得重复性笔录。

二、犯罪嫌疑人、被告人供述和辩解审查表

刘某诈骗案犯罪嫌疑人、被告人供述和辩解审查表(附示例)

(犯罪嫌疑人、被告人供述和辩解)	一	二 1-8	三 1-5	质证意见
证据1	没有合法、真实的诉讼权利义务告知书。	1.讯问笔录; 2.刘某第一次; 3.与笔录长度对应,与其他证据出现的先后顺序合理,不存在自首,与同步录音录像一致; 4.在看守所; 5.2名警官讯问; 6.25岁,被告人,无特殊身份; 7.供述人核对确认笔录并亲自签字捺印,全文无复制粘贴涂改; 8.无缺页错页。	1.无诱供; 2.无矛盾处; 3.符合常识; 4.能与其第二次、第三次讯问笔录供述内容相印证; 5.不存在采用非法拘禁等限制人身自由的方法收集供述、存在通过威胁的方法收集供述、存在诱供指供骗供、存在通过施用药物催眠等方式进行审讯、存在通过刑讯逼供等非法方式获得重复性笔录。	没有诉讼权利义务告知书,程序违法。
证据2				

第七节 被害人、证人证言形式审查表

一、基础知识

刑事案件卷宗中基本都有若干被害人、证人证言,它们分散在不同的卷宗中,篇幅居多,若不进行记录恐难从中发现办案的症结点。被害人、证人证言形式审查表将案件卷宗中所有的被害人、证人证词的形式内容汇总,能够清晰直观地定位某人某时某次的讯问笔录在哪本卷宗的哪一页,这样当诉讼代理人想要回看某一份被害人、证人证词时能极大地提升检索的效率。

被害人、证人证言形式审查表无需穷尽注明每一份被害人、证人证词的具体内容,可以把它当作案件全部被害人、证人证言的目录,其与被害人、证人证言历次陈述对比表、审查表结合,能够起到很好的互补作用。

二、被害人、证人证言形式审查表

刘某诈骗案被害人、证人证言形式审查表(附示例)

卷一页	时间	调查取证地点	调查取证人	调查取证见证人	被害人/证人
诉讼证据卷1-103	2022.10.9 8:45-9:12	×××小区×××楼×××单元×××室	×××律师	居委会工作人员×××、×××	证人

第八节 被害人、证人证言历次陈述对比表

一、基础知识

被害人、证人、同案历次陈述对比表是刑事案件阅卷过程中一定要细心认真制作的表格之一,其作用在于能够清楚直观地获悉同一供述人在不同时间分别供述的同一事实是否同一,若不同一存在哪些矛盾,这些对于诉讼代理人来说都是办案过程中需要抓住的重要症结点。

二、被害人、证人证言历次陈述对比表

刘某诈骗案被害人、证人证言历次陈述对比表(附示例)

卷一页	被害人/证人	讯问时间	时长	讯问地点	讯问人	主要内容
诉讼材料卷1-57	证人×××	2022.6.9 14:30-15:00	30分钟	×××市公安局×××办公室	×××警官、×××警官	其于2022年4月12日受骗,金额20万。
诉讼材料卷4-32	证人×××	2022.7.14 8:50-9:10	20分钟	×××市公安局×××办公室	×××警官	其于2022年4月16日受骗,金额32万。

第九节 被害人、证人证言实质审查表

一、基础知识

(一)诉讼权利义务告知书

在询问之前是否告知被询问人诉讼权利义务,是否有诉讼权利义务告知书,并且被询问人签字捺印。

(二)被害人、证人证词结构

1.看标题是讯问笔录还是询问笔录,一字之差内涵不同;

2.看次数,笔录是否完整,多次笔录的原因;

3.看时间,与笔录长度是否对应,与其他证据出现的先后顺序,询问笔录的时长与同步录音录像是否一致;

4.看地点;

5.看询问人及其人数,是否为“分身”,是否有资格;

6.看被询问人身份、年龄、与案件关系,有无特殊身份,认知表达能力,是否提供语言帮助,是否存在应当出庭而未出庭的情形;

7.看制作、修改、核对情况,被询问人是否核对确认笔录并亲自签字捺印,是否向无阅读能力的被询问人宣读笔录,询问人是否在询问笔录上签字,全文有无复制粘贴涂改;

8.看页码,有无缺页错页。

(三)被害人、证人证词内容

1.看询问方法;

2.看矛盾之处;

3.看常识,案发过程是否符合常识,案情是否符合常识,对案件结果态度是否符合常识;

4.看笔录之间是否相互印证;

5.看不合法证据,是否存在采用非法拘禁等限制人身自由的方法收集供述,是否存在通过威胁的方法收集供述,是否存在诱供、指供、骗供,是否存在通过施用药物、催眠等方式进行询问，是否存在通过刑讯逼供等非法方式获得重复性笔录；

6. 看取证方式，是否为个别询问，是否出示询问通知书和工作证件；

7. 看证明力，是否为现场目击者或亲历者，是否存在关联性，是否反复变化，与其年龄、学历、生活环境、记忆力是否匹配。

二、被害人、证人证言实质审查表

刘某诈骗案被害人、证人证言实质审查表（附示例）

证人证言、被害人陈述	一	二 1–8	三 1–7	质证意见
证据 1	有合法、真实的诉讼权利义务告知书	1. 询问笔录； 2. 齐某第一次； 3. 与笔录长度对应，与其他证据出现的先后顺序合理，与同步录音录像一致； 4. 在证人家中； 5.1 名警官询问； 6.7 岁，证人未成年人； 7. 被询问人核对确认笔录并亲自签字捺印，全文无复制粘贴涂改； 8. 无缺页错页。	1. 无诱供； 2. 无矛盾处； 3. 符合常识； 4. 能与其第二次、第三次询问笔录供述内容相印证； 5. 不存在采用非法拘禁等限制人身自由的方法收集供述、通过威胁的方法收集供述、诱供指供骗供、存在通过施用药物催眠等方式进行询问、通过刑讯逼供等非法方式获得重复性笔录； 6. 个别询问，出示询问通知书和工作证件； 7. 是为现场目击者或亲历者，存在关联性，证言没有反复变化，与其年龄、学历、生活环境、记忆力匹配，符合生活常识、常理。	询问人数 1 人，不符合法律规定。
证据 2				
证据 3				

第十节 现场勘验、检查笔录形式审查表

一、基础知识

刑事案件卷宗中基本都有若干现场勘验、检查笔录，分散在不同的卷宗中，若不进行记录恐难从中发现办案的症结点。现场勘验、检查笔录形式审查表将案件卷宗中现场勘验、勘验笔录形式内容汇总，能够清晰直观地定位在哪本卷宗的哪一页。

现场勘验、检查笔录形式审查表无需穷尽注明具体内容，可以把它当作案件全部现场勘验、检查笔录的目录，其与现场勘验、检查笔录实质审查表结合，能够起到很好的互补作用。

二、现场勘验、检查笔录形式审查表

王某故意杀人罪案现场勘验笔录形式审查表(附示例)

卷一页	材料名称	日期	技术人员	侦查人员	见证人	勘验情况
补充侦查卷1-7	现场勘验笔录	2022.8.4	×××	×××警官、×××警官	×××、×××	×××上存在血迹，需进一步检验血迹归属何人。

第十一节 现场勘验、侦查实验、辨认笔录等审查表

一、基础知识

(一)现场勘验、检查笔录结构

1.是否详细记载基本信息;

2.是否有相关参与人员签名;

3.是否附有清单;

4.是否附有现场图、现场照片、现场录音录像;

5.是否载明勘验过程、结果;

6.人员是否具有法定资质;

7.人员的人数是否合法,是否有见证人;

8.时长是否合理;

9.与案发、报案、立案时间是否相互矛盾;

10.距离案发时间的间隔;

11.地点是否一致,同一地点的多次勘验、检查笔录的异同,是否为一“勘”一笔录。

(二)现场勘验、检查笔录内容

1.是否采取适当的现场保护措施;

2.步骤是否符合法律规定;

3.方法是否符合法律规定;

4.现场图、照相和录像是否符合法律规定;

5.是否合法、全面、及时收集、提取、扣押、固定物证、痕迹;

6.是否违规强制检查;

7.是否存在关联性,是否与其他证据存在矛盾;

8.是否符合常识。

二、现场勘验、检查笔录实质审查表

现场勘验、检查笔录形式审查表(附示例)

现场勘验笔录	一 1-11	二 1-8	质证 意见
证据1	1.详细记载了基本信息; 2.有相关参与人员签名; 3.附有清单; 4.附有现场图、现场照片、现场录音录像; 5.载明勘验过程、结果; 6.人员不具有法定资质; 7.人员的人数合法,有见证人; 8.时长合理; 9.与案发、报案、立案时间矛盾; 10.距离案发时间的间隔2小时; 11.地点一致,同一地点的多次勘验、检查笔录的相同,属于一"勘"一笔录。	1.采取适当的现场保护措施; 2.步骤符合法律规定; 3.方法符合法律规定; 4.现场图、照相和录像符合法律规定; 5.全面、及时收集、提取、扣押、固定物证、痕迹; 6.不存在违规强制检查; 7.存在关联性,与其他证据不存在矛盾 8.符合常识。	现场人员不具有法定资质;与案发、报案、立案时间矛盾。
证据2			
证据3			

第十二节 辨认笔录形式审查表

一、基础知识

刑事案件卷宗中基本都有若干辨认笔录,它们分散在不同的卷宗中,若不进行记录恐难从中发现办案的症结点。辨认笔录形式审查表将案件卷宗中辨认笔录的形式内容汇总,能够清晰直观地定位在哪本卷宗的哪一页。

辨认笔录形式审查表无需穷尽注明具体内容,可以把它当作案件全部辨认笔录的目录,其与辨认笔录实质审查表结合,能够起到很好的互补作用。

二、辨认笔录形式审查表

王某故意杀人罪案现场辨认笔录形式审查表(附示例)

卷一页	材料名称	日期	侦查人员	对照人(物)	辨认人	勘验情况
补充侦查卷1-7	辨认笔录	2022.8.4	×××警官、×××警官	10张照片	×××	×××能够辨认出王某照片

第十三节 辨认笔录实质审查表

一、基础知识

(一)辨认笔录结构

1.辨认参与人员是否签字,是否记载辨认人、辨认对象的信息;

3.辨认笔录是否描述辨认过程,是否记载辨认结果。

(二)辨认人情况

辨认人是否有辨认能力。如辨认人系未成年人,需要有适格成年人在场陪同辨认。

(三)审查辨认时间

1.是否存在同时空辨认;

2.辨认时长是否合理;

3.辨认笔录载明的辨认时间与实际时间是否一致。

(四)审查辨认对象

1.辨认对象是否明确、来源是否合法;

2. 辨认对照人、物数量是否合法；
3. 辨认对照人、物之间是否存在明显差异。

(五)审查辨认过程、方法

1. 是否在辨认前询(讯)问辨认人；
2. 辨认人与被辨认人、物之间的关系；
3. 辨认活动是否个别进行；
4. 辨认前是否见过被辨认人、物；
5. 是否存在明显暗示、指认情形。

(六)审查辨认笔录的证明力

1. 辨认笔录是否与案件具有关联性；
2. 辨认笔录是否与其他证据相互佐证、印证或存在矛盾；
3. 辨认笔录是否符合常识。

二、辨认笔录实质审查表

王某故意杀人罪案现场辨认笔录实质审查表(附示例)

辨认笔录	一 1–4	二 1–2	三 1–3	四 1–3	五 1–5	六 1–3	质证意见
证据1	1.辨认参与人员签字； 2.辨认笔录记载辨认人、辨认对象的信息； 3.辨认笔录描述辨认过程； 4.辨认笔录记载辨认结果。	1.辨认人系成年人； 2.辨认人有辨认能力。	1.不存在同时空辨认； 2.辨认时长合理； 3.辨认笔录载明的辨认时间与实际时间一致。	1.辨认对象明确、来源具有合法性； 2.辨认对照人、物数量合法； 3.辨认对照人、物之间存在明显差异。	1.在辨认前询(讯)问辨认人； 2.辨认人与被辨认人之间是同事关系； 3.辨认活动个别进行； 4.辨认前没有见过被辨认人； 5.不存在明显暗示、指认情形。	1.辨认笔录与案件具有关联性； 2.辨认笔录与其他证据相互佐证； 3.辨认笔录符合常识。	辨认笔录具有真实性、合法性、关联性。
证据2							
证据3							

第十四节 鉴定意见形式审查表

一、基础知识

鉴定意见是某一鉴定领域与刑事诉讼证据法领域双重叠加的产物，其鉴定结论对于案件定性、量刑有着至关重要的作用，因此对于作为证据随案移送的鉴定意见一定要注意审查。鉴定意见形式审查表将案件卷宗中鉴定意见的形式内容汇总，能够清晰直观地定位在哪本卷宗的哪一页。

鉴定意见形式审查表无需穷尽注明具体内容，可以把它当作案件全部鉴定意见的目录，其与鉴定意见实质审查表结合，能够起到很好的互补作用。

二、鉴定意见形式审查表

王某故意杀人罪案鉴定意见形式审查表（附示例）

卷一页	材料名称	委托人	委托日期	鉴定单位	鉴定日期	鉴定人	复核人	鉴定事项	鉴定结论
补充侦查卷2-6	笔迹鉴定	××× 市公安局	2022.9.5	×××司法鉴定中心	2022.9.7	×××	×××	编号×××的笔记本第4页右下“×××”落款笔迹是否为被告人王某书写	该笔迹是王某本人书写的

第十五节 鉴定意见实质审查表

一、基础知识

(一)鉴定意见结构

1.委托手续、资料是否完备;

2.鉴定意见书是否注明受理日期、委托事项,是否列明鉴定依据,是否注明鉴定及论证过程,是否有明确的鉴定结论,鉴定人的签名是否符合要求,是否注明鉴定机构并盖章,是否注明鉴定文书的出具日期,是否附有鉴定人、鉴定机构的资质证明材料,附件是否齐全;

3.鉴定机构是否具备法定资质以及资质是否在有效期内,鉴定人是否具备法定资质及资质是否在有效期内,鉴定人数是否达到法定标准,鉴定项目是否属于鉴定机构、鉴定人的业务范围,鉴定人是否违反回避规定,鉴定人是否直接参与鉴定活动;

4.鉴定检材的来源、固定、提取、保管、送检过程是否合法,鉴定对象与送检材料、样本是否一致,鉴定检材的取样数量是否达到相关要求或检材是否完整。

(二)鉴定意见内容

1.受理鉴定的程序是否合法;

2.鉴定取样的程序是否合法;

3.是否进行前置鉴定;

4.鉴定方法是否合法;

5.送检时间是否符合法律规定;

6.鉴定委托程序是否合法;

7.鉴定基准日的选择是否准确;

8.鉴定时间是否超过期限;

9.重新鉴定是否符合法律规定;

10.鉴定依据是否是国家标准、行业标准和技术规范、该专业领域多数专家认可的技术方法;

11. 鉴定意见的送达是否合法；

12. 鉴定意见的结论与待证事实是否具有关联性，检材、样本与案件是否存在关联性，鉴定意见与其他在案证据是否存在矛盾。

二、鉴定意见实质审查表

王某故意杀人罪案鉴定意见实质审查表（附示例）

鉴定意见	一 1-14	二 1-12	质证意见
证据1	1. 委托手续、资料完备； 2. 鉴定意见书注明受理日期、委托事项，列明鉴定依据，注明鉴定及论证过程，有明确的鉴定结论，鉴定人的签名符合要求，注明鉴定机构并盖章，注明鉴定文书的出具日期，是否附有鉴定人、鉴定机构的资质证明材料，附件齐全； 3. 鉴定机构具备法定资质以及资质在有效期内，鉴定人具备法定资质及资质在有效期内，鉴定人数达到法定标准，鉴定项目属于鉴定机构、鉴定人的业务范围，鉴定人违反回避规定，鉴定人是否直接参与鉴定活动； 4. 鉴定检材的来源、固定、提取、保管、送检过程合法，鉴定对象与送检材料、样本一致，鉴定检材的取样数量达到相关要求或检材完整。	1. 受理鉴定的程序合法； 2. 鉴定取样的程序合法； 3. 进行前置鉴定； 4. 鉴定方法合法； 5. 送检时间符合法律规定； 6. 鉴定委托程序合法； 7. 鉴定基准日的选择准确； 8. 鉴定时间超过期限； 9. 重新鉴定符合法律规定； 10. 鉴定依据是国家标准； 11. 鉴定意见的送达合法； 12. 鉴定意见的结论与待证事实具有关联性，检材、样本与案件存在关联性，鉴定意见与其他在案证据不存在矛盾。	该鉴定意见具有真实性、合法性、关联性。
证据2			
证据3			

第十六节　书证、物证形式审查表

一、基础知识

书证、物证作为“看得见摸得着”的实体证据对于案件定性、量刑有着至关重要的作用，因此，对于作为证据随案移送的书证、物证一定要注意审查。书证、物证形式审查表将案件卷宗中书证、物证的形式内容汇总，能够清晰直观地定位在哪本卷宗的哪一页。

书证、物证形式审查表无需穷尽注明具体内容，可以把它当作案件全部书证、物证的目录，其与书证、物证实质审查表结合，能够起到很好的互补作用。

二、书证、物证形式审查表

王某故意杀人罪案书证、物证形式审查表（附示例）

卷一页	证据名称	保管单位	形成时间	调查人员	书证/物证内容
证据材料卷1-9	菜刀	×××市公安局物证中心	2022.9.10	×××警官、×××警官。	该菜刀为王某故意杀人的凶器。
证据材料卷2-8	购物小票	×××市公安局物证中心	2022.9.10	×××警官、×××警官。	该购物小票记载了王某曾于2022年7月10日购买菜刀的记录。

第十七节 书证、物证实质审查表

一、基础知识

（一）书证的来源、真实性、完整性、关联性

1. 收集主体是否具有法定资质；
2. 收集人员是否不少于二人；
3. 收集手续是否齐全、合法；
4. 是否有适格的见证人见证；
5. 收集方法是否合法；
6. 复制件、副本制作程序是否合法；
7. 是否交给相关利害关系人或知情人辨（签）认；

8.辩(签)认意见是否明确;

9.是否为原件;

10.实际形成时间、过程与书证载明的形成时间、过程是否一致;

11.是否被涂改、修改、替换;

12.保管、流转过程;

13.是否完整、全面调取书证;

14.与待证事实的关联性,对案件证明作用的大小。

(二)物证的来源、真实性、完整性、关联性

1.是否为原物;

2.收集、提取主体是否具有法定资质;

3.人员的数量是否符合法律规定;

4.收集、提取、固定、封存时间能否保证物证的真实性;

5.提取方法、程序是否合法;

6.笔录是否合法;

7.犯罪嫌疑人是否在场;

8.是否有适格的见证人见证;

9.现场照片、录音录像是否与勘验、搜查、检查、扣押等笔录一致;

10.物证复制品、照片的制作程序是否合法;

11.是否以合法方式收集物证;

12.物证复制品、照片的制作主体是否合法;

13.相关物证是否交给利害关系人或知情人辨认、指认;

14.物证的保管、流转主体、过程是否合法;

15.物证与待证事实的关联性,对证明案件事实的作用大小。

二、书证、物证实质审查表

王某故意杀人罪案书证、物证实质审查表(附示例)

书证	1–3	4–6	7–9	10–13	14	质证意见
证据1	1.收集主体具有法定资质; 2.收集人员二人; 3.收集手续齐全、合法。	4.有适格的见证人见证; 5.收集方法合法; 6.复制件、副本制作程序合法。	7.交给相关利害关系人或知情人辨(签)认; 8.辩(签)认意见明确; 9.原件。	10.实际形成时间、过程与书证载明的形成时间、过程一致; 11.不存在被涂改、修改、替换; 12.保管、流转过程完备; 13.完整、全面调取书证。	14.与待证事实的关联性不大,对案件证明作用小。	对该份书证的真实性、合法性无异议,但与本案没有关联性。

第十八节 视听资料、电子数据形式审查表

一、基础知识

视听资料、电子数据一般需要完整观看、听取才知道其中内容,因此,记录全案视听资料、电子数据的简要内容能够在办理案件过程中提高效率,无需每次都完整观看、听取全部内容。视听资料、电子数据形式审查表将案件卷宗中视听资料、电子数据的形式内容汇总,能够清晰直观地定位在哪本卷宗的哪一页。

视听资料、电子数据形式审查表无须穷尽注明具体内容,可以把它当作案件全部视听资料、电子数据的目录,其与视听资料、电子数据实质审查表结合,能够起到很好的互补作用。

二、视听资料、电子数据形式审查表

王某故意杀人罪案视听资料、电子数据形式审查表(附示例)

卷一页	证据名称	保管单位	原始载体	形成时间	时长	调查人员	视听资料/电子数据内容
证据材料卷3-98	×××小区北门监控录像视听资料	×××物业	sd储存卡	2022.9.14 21:58	4分钟	×××警官、×××警官。	王某于2022.9.14 21:58从×××小区北门进入×××小区,4分钟后原路折返。

第十九节 视听资料、电子数据实质审查表

一、基础知识

(一)视听资料、电子数据的勘验、检查

1.主体是否合法;

2.是否有检查工作记录。

(二)视听资料、电子证据的收集、提取过程

1.收集、提取主体、方法、过程是否合法;

2.收集、提取笔录是否合法;

3.是否有见证人;

4.原始存储介质的扣押、封存过程是否合法。

(三)电子数据的冻结

程序、期限、方式是否合法。

(四)视听资料、电子数据的真实性、完整性

1.哈希值校验;

2. 是否具有数字签名、数字证书。

(五)视听资料、电子数据的证明力

1. 是否与案件具有关联性;

2. 是否与其他证据存在矛盾。

二、视听资料、电子数据实质审查表

王某故意杀人罪案视听资料、电子数据实质审查表(附示例)

视听资料、电子数据	一 1–2	二 1–4	三 1	四 1	五 1–2	质证意见
证据1	1. 勘验、检查主体合法; 2. 有检查工作记录。	1. 收集、提取主体、方法、过程合法; 2. 收集、提取笔录合法; 3. 有见证人; 4. 原始存储介质的扣押、封存过程合法。	1. 程序、期限、方式合法。	1. 具有真实性、完整性。	1. 与案件具有关联性; 2. 与其他证据不存在矛盾。	该份视听资料具有真实性、合法性、关联性。
证据2						

第二十节 技术侦查/调查证据形式审查表

一、基础知识

当一个刑事案件涉及技术侦查/调查证据时,诉讼代理人一定要争取调取到这些证据的机会,并仔细研读。技术侦查/调查证据形式审查表将案件卷宗中技术侦查/调查证据的形式内容汇总,能够清晰直观地定位在哪本卷宗的哪一页。

技术侦查/调查证据形式审查表无需穷尽注明具体内容,可以把它当作案件全部技术侦查/调查证据的目录,其与技术侦查/调查证据实质审查表结合,能够起到很好的互补作用。

二、技术侦查/调查证据形式审查表

白某贩卖、运输毒品罪案技术侦查形式审查表(附示例)

卷一页	证据名称	审批机关	执行人员	形成时间	技术侦查内容
技侦材料卷 1-12	白某与熊某 2022.3.4 9:10 通话录音	×××市公安局	×××警官、×××警官	2022.3.4	白某与熊某约定二人分赃细节

第二十一节 技术侦查/调查证据实质审查表

一、基础知识

(一)技术措施的审批流程

1. 是否附有合法有效的技术侦查/调查措施审批文书;
2. 审批机关是否具有权限;
3. 技术侦查/调查措施被批准时间;
4. 变更技术侦查/调查种类或适用对象的手续是否具有合法性。

(二)执行机关和执行主体资格

1. 执行机关是否具有合法性;
2. 执行人员是否具备执行资格。

(三)技术措施的适用范围

1. 适用对象的范围;
2. 适用罪名的范围;
3. 适用技术侦查/调查种类的范围;
4. 适用时间的范围。

(四)技术措施所获证据是否具有真实性

1.相关人员身份是否一致；

2.是否提供证据原件；

3.技术侦查/调查证据是否经过庭审质证。

(五)技术措施所获证据证明力大小

1.技术侦查/调查证据是否与案件具有关联性；

2.技术侦查/调查证据是否与其他证据相互印证。

二、技术侦查/调查证据实质审查表

白某贩卖、运输毒品案技术侦查实质审查表(附示例)

技术侦查/调查证据	一 1–4	二 1–2	三 1–4	四 1–3	五 1–2	质证意见
证据1	1.附有合法有效的技术侦查/调查措施审批文书； 2.审批机关具有权限； 3.技术侦查/调查措施被批准时间为2022.2.8； 4.未变更技术侦查/调查种类或适用对象的手续具有合法性。	1.执行机关具有合法性； 2.执行人员具备执行资格。	1.适用对象的范围； 2.适用罪名的范围； 3.适用技术侦查/调查种类的范围； 4.适用时间的范围。	1.相关人员身份一致； 2.提供证据原件； 3.尚未开庭。	1.技术侦查/调查证据与案件具有关联性； 2.技术侦查/调查证据与其他证据相互印证；	对该份技术侦查证据的真实性、合法性、关联性暂无异议。
证据2						
证据3						
证据4						

第二十二节 量刑情节统计表

一、基础知识

刑事案件中量刑情节也是诉讼代理人办案应当考虑的法律因素，不是为了减轻犯罪嫌疑人/被告人量刑而是为了反过来质证从轻、减轻的量刑情节不符合法律规定、提出加重的量刑情节。

通过阅卷审查证据，再对照法定、酌定量刑情节，判断可能存在的量刑幅度，制作量刑情节统计表可以综合全案量刑情节，预测本案犯罪嫌疑人/被告人大致的量刑，并且可以围绕量刑情节展开代理意见的论述，进而可能影响案件的发展走向。

以下为若干法定量刑情节汇总，以供参考。

《中华人民共和国刑法》第十七条 [刑事责任年龄]已满十六周岁的人犯罪，应当负刑事责任。

已满十四周岁不满十六周岁的人，犯故意杀人、故意伤害致人重伤或者死亡、强奸、抢劫、贩卖毒品、放火、爆炸、投放危险物质罪的，应当负刑事责任。

已满十二周岁不满十四周岁的人，犯故意杀人、故意伤害罪，致人死亡或者以特别残忍手段致人重伤造成严重残疾，情节恶劣，经最高人民检察院核准追诉的，应当负刑事责任。

对依照前三款规定追究刑事责任的不满十八周岁的人，应当从轻或者减轻处罚。

因不满十六周岁不予刑事处罚的，责令其父母或者其他监护人加以管教；在必要的时候，依法进行专门矫治教育。

第十七条之一 [刑事责任年龄]已满七十五周岁的人故意犯罪的，可以从轻或者减轻处罚；过失犯罪的，应当从轻或者减轻处罚。

第十八条 [特殊人员的刑事责任能力]精神病人在不能辨认或者不能控制自己行为的时候造成危害结果，经法定程序鉴定确认的，不负刑事责任，但是应当责令他的家属或者监护人严加看管和医疗；在必要的时候，由政府强制医疗。

间歇性的精神病人在精神正常的时候犯罪，应当负刑事责任。

尚未完全丧失辨认或者控制自己行为能力的精神病人犯罪的，应当负刑事责任，但是可以从轻或者减轻处罚。

醉酒的人犯罪，应当负刑事责任。

第十九条 [特殊人员的刑事责任能力]又聋又哑的人或者盲人犯罪，可以从轻、减轻或者免除处罚。

第二十条 [正当防卫]为了使国家、公共利益、本人或者他人的人身、财产和其他权利免受正在进行的不法侵害,而采取的制止不法侵害的行为,对不法侵害人造成损害的,属于正当防卫,不负刑事责任。

正当防卫明显超过必要限度造成重大损害的,应当负刑事责任,但是应当减轻或者免除处罚。

对正在进行行凶、杀人、抢劫、强奸、绑架以及其他严重危及人身安全的暴力犯罪,采取防卫行为,造成不法侵害人伤亡的,不属于防卫过当,不负刑事责任。

第二十一条 为了使国家、公共利益、本人或者他人的人身、财产和其他权利免受正在发生的危险,不得已采取的紧急避险行为,造成损害的,不负刑事责任。

紧急避险超过必要限度造成不应有的损害的,应当负刑事责任,但是应当减轻或者免除处罚。

第一款中关于避免本人危险的规定,不适用于职务上、业务上负有特定责任的人。

第二十二条 为了犯罪,准备工具、制造条件的,是犯罪预备。

对于预备犯,可以比照既遂犯从轻、减轻处罚或者免除处罚。

第二十三条 已经着手实行犯罪,由于犯罪分子意志以外的原因而未得逞的,是犯罪未遂。

对于未遂犯,可以比照既遂犯从轻或者减轻处罚。

第二十四条 在犯罪过程中,自动放弃犯罪或者自动有效地防止犯罪结果发生的,是犯罪中止。

对于中止犯,没有造成损害的,应当免除处罚;造成损害的,应当减轻处罚。

第二十七条 在共同犯罪中起次要或者辅助作用的,是从犯。

对于从犯,应当从轻、减轻处罚或者免除处罚。

第二十八条 对于被胁迫参加犯罪的,应当按照他的犯罪情节减轻处罚或者免除处罚。

第二十九条 教唆他人犯罪的,应当按照他在共同犯罪中所起的作用处罚。教唆不满十八周岁的人犯罪的,应当从重处罚。

如果被教唆的人没有犯被教唆的罪，对于教唆犯，可以从轻或者减轻处罚。

第四十九条 犯罪的时候不满十八周岁的人和审判的时候怀孕的妇女，不适用死刑。

审判的时候已满七十五周岁的人，不适用死刑，但以特别残忍手段致人死亡的除外。

第六十五条 被判处有期徒刑以上刑罚的犯罪分子，刑罚执行完毕或者赦免以后，在五年以内再犯应当判处有期徒刑以上刑罚之罪的，是累犯，应当从重处罚，但是过失犯罪和不满十八周岁的人犯罪的除外。

前款规定的期限，对于被假释的犯罪分子，从假释期满之日起计算。

第六十六条 危害国家安全犯罪、恐怖活动犯罪、黑社会性质的组织犯罪的犯罪分子，在刑罚执行完毕或者赦免以后，在任何时候再犯上述任一类罪的，都以累犯论处。

第六十七条 犯罪以后自动投案，如实供述自己的罪行的，是自首。对于自首的犯罪分子，可以从轻或者减轻处罚。其中，犯罪较轻的，可以免除处罚。

被采取强制措施的犯罪嫌疑人、被告人和正在服刑的罪犯，如实供述司法机关还未掌握的本人其他罪行的，以自首论。

犯罪嫌疑人虽不具有前两款规定的自首情节，但是如实供述自己罪行的，可以从轻处罚；因其如实供述自己罪行，避免特别严重后果发生的，可以减轻处罚。

第六十八条 犯罪分子有揭发他人犯罪行为，查证属实的，或者提供重要线索，从而得以侦破其他案件等立功表现的，可以从轻或者减轻处罚；有重大立功表现的，可以减轻或者免除处罚。

《中华人民共和国刑事诉讼法》第十五条 犯罪嫌疑人、被告人自愿如实供述自己的罪行，承认指控的犯罪事实，愿意接受处罚的，可以依法从宽处理。

第二百九十条 对于达成和解协议的案件，公安机关可以向人民检察院提出从宽处理的建议。人民检察院可以向人民法院提出从宽处罚的建议；对于犯罪情节轻微，不需要判处刑罚的，可以作出不起诉的决定。人民法院可以依法对被告人从宽处罚。

最高人民法院关于适用《中华人民共和国刑事诉讼法》的解释第一百九十四条 审理刑事附带民事诉讼案件，人民法院应当结合被告人赔偿被害人物质损失的情况认定其悔罪表现，并在量刑时予以考虑。

二、量刑情节统计表

王某故意杀人罪案量刑情节统计表（附示例）

序号	证据名称	法定/酌定	罪轻/罪重
1	王某供述自首讯问笔录	法定	罪轻
2	王某供述累犯讯问笔录	法定	罪重

第二十三节 被告人供述与受害人陈述比较表

一、基础知识

被告人供述与受害人陈述比较表其作用在于通读全表能够清楚直观地获悉不同身份的供述人在不同时间分别供述的同一事实是否同一，若不同一存在哪些矛盾，这些对于诉讼代理人来说都是办案过程中需要抓住的重要症结点。此表对于团伙作案、受害人众多的刑事案件尤为重要，能够审查出包括但不限于主从犯关系、案涉金额是否有误等关键信息。

二、被告人供述与受害人陈述比较表

刘某、田某盗窃罪案被告人供述与受害人陈述比较表(附示例)

受害人	宋某	李某	高某	白某	许某
案发时间	2022.5.4	2022.3.27	2022.8.7	2021.12.5	2021.11.6
案发地点	×××公园	×××商场	×××街道	×××学校门口	×××便利店
受害人陈述	被盗100元	被盗一部手机	被盗一个钱包，里面有2张银行卡一张身份证	被盗3000元	被盗200元和一部手机
刘某供述	盗取100元	盗取一部手机	不是其盗窃行为导致	不是其盗窃行为导致	盗取一部手机
田某供述	不是其盗窃行为导致	不是其盗窃行为导致	不是其盗窃行为导致	盗取1500元	盗取200元

第六章 律师办案记录材料

第一节 收案工作报告

一、基础知识

收案是刑事律师工作的开端。刑事律师通过会见当事人，与当事人沟通，通过法律专业技能获取对方信任，接受委托受理案件后开始代理工作。

本表用于记录刑事律师接收案件的基本情况，该报告可以使承办律师对案件基本情况一目了然。该报告也用作于案件归档和其他文书、报告等规整成卷。

本表需要承办律师填写收案时间、案件案由、案号、当事人、委托人、委托时间、委托阶段、委托目的、接待情况、案件代理思路、案件总结、案件评估等相关信息内容。

在填写该表时要着重注意当事人委托目的，以方便开展后续代理工作。

二、收案工作报告

收案工作报告（附示例）

时间	2022.1.1	报告人	甲
案由	盗窃罪		
案号	12号	承办律师	乙
当事人	丙	委托人	丁
委托时间	2022.1.1	委托阶段	一审
案件概述	本案发生于××××××××，犯罪嫌疑人为×××，受害人为×××，委托人为×××，本案基本案情为××××××××		
委托目的	通过律师专业知识解答当事人对本案的困惑，让犯罪嫌疑人绳之以法。（略）		
接待情况	于2022.1.1日在律师事务所接待当事人，经过对案件事实的讨论，（略）		

续表

代理思路	从×××角度出发，该案的代理思路是：（略）
总 结	通过接待当事人和对案件的分析，我们认为：（略）
案件评估	考虑到当事人的实际情况，对该案件收费情况为：（略）

第二节 工作清单检查表

一、基础知识

专业化规范化是工作清单制度的特征之一。本表适用于承办律师对案件的工作情况进行检查。办案律师需填写关于案件的具体工作内容以及工作结果分析，如特殊情况在备注一栏填写。

本表划分为《收案阶段工作清单检查表》《检索阶段工作清单检查表》《联系卡工作清单检查表》《与侦查、司法机关沟通系列工作清单检查表》《律师申请阶段工作清单检查表》《律师阅卷阶段工作清单检查表》《庭审阶段工作清单检查表》以及《其他工作清单检查表》。

该系列工作检查表需要律师在完成工作项目后，在方框中打钩以便按时记录工作完成情况，然后签名。

工作清单检查表使律师在代理案件工作中的工作内容变得清晰明了，便于归档和总结。

二、收案阶段工作清单检查表

收案阶段工作清单检查表（附示例）

序号	工作项目（方框里打√）	完成人	备注
1	接待登记表 ☑	甲	无
2	受案登记表 □		
3	首次接待笔录 □		
4	立案前接待笔录 □		
5	不予立案接待笔录 □		
6	侦查阶段接待笔录 □		
7	审查起诉阶段接待笔录 □		

续表

8	审判阶段接待笔录 □		
9	律师服务方案 □		
收案案件情况分析			
分析律师：××× ××××年××月××日			

三、检索阶段工作清单检查表

检索阶段工作清单检查表（附示例）

序号	工作项目（方框里打√）	完成人	备注
1	法律规范类检索报告 ☑	甲	无
2	类案检索报告 □		
3	文章类检索报告 □		
检索情况分析			
分析律师：××× ××××年××月××日			

四、联系卡工作清单检查表

联系卡工作清单检查表（附示例）

序号	工作项目（方框里打√）	完成人	备注
1	案件联系卡 ☑	甲	无
2	控告人/被害人联系卡□		
3	被告人联系卡 □		
4	侦查机关联系卡 □		
5	检察院联系卡 □		
6	法院审判联系卡 □		
7	法院执行联系卡 □		
8	鉴定机构联系卡 □		

五、与侦查、司法机关沟通系列工作清单检查表

与侦查、司法机关沟通系列工作清单检查表(附示例)

序号	工作项目(方框里打√)	完成人	备注
1	与办案单位的沟通☑	甲	无
2	与检察院的沟通□		
3	与法院的沟通□		
沟通情况分析			
分析律师:××× ××××年××月××日			

六、律师申请阶段工作清单检查表

律师申请阶段工作清单检查表(附示例)

序号	工作项目(方框里打√)	完成人	备注
1	不予变更强制措施申请书☑	甲	无
2	不予变更强制措施为监视居住申请书 □		
3	不予变更强制措施为取保候审申请书□		
4	管辖权异议申请书 □		
5	回避申请书□		
6	立案监督申请书□		
7	被害人参加庭前会议申请书□		
8	应予批准逮捕的意见□		
9	主持刑事和解申请书□		
10	适用简易程序建议书□		
11	延期/中止审理申请书□		
12	通知侦查人员出庭申请书 □		
13	补充鉴定申请书 □		
14	鉴定/勘验/检查/侦查实验申请书 □		
15	重新做鉴定/勘验/检查/侦查实验申请书 □		
16	诉讼代理人调查取证申请书□		
17	诉讼代理人调查取证笔录 □		

续表

18	非法证据排除申请书 □		
19	由办案单位收集、调取证据申请书 □		
20	对出庭的证人/鉴定人/有专门知识的人员名单异议书 □		
21	收集、调取疑似特情人员情况说明申请书□		
22	收集、调取通话记录证据申请书 □		
23	证人出庭申请书□		
案件情况分析			
分析律师：××× ××××年××月××日			

七、律师阅卷阶段工作清单检查表

律师阅卷阶段工作清单检查表（附示例）

序号	工作项目（方框里打√）	完成人	备注
1	全部卷宗目录 ☑	甲	无
2	法律手续摘录表□		
3	全部讯问笔录形式审查表 □		
4	犯罪嫌疑人、被告人供述和辩解对比表□		
5	犯罪嫌疑人、被告人供述和辩解审查表□		
6	被害人、证人证言形式审查表□		
7	被害人、证人证言历次陈述对比表□		
8	被害人、证人证言实质审查表□		
9	现场勘验、检查笔录形式审查表 □		
10	现场勘验、检查笔录实质审查表 □		
11	现场勘验、侦查实验、辨认笔录等审查表 □		
12	鉴定意见形式审查表 □		
13	鉴定意见实质审查表 □		
14	书证、物证形式审查表□		
15	书证、物证实质审查表 □		
16	视听资料、电子数据形式审查表□		
17	视听资料、电子数据实质审查表 □		

续表

18	技术侦查/调查证据形式审查表 □		
19	技术侦查/调查证据实质审查表 □		
20	量刑情节统计表□		
21	被告人供述与受害人陈述比较表□		
案件情况分析			
分析律师：××× ××××年××月××日			

八、庭审阶段工作清单检查表

庭审阶段工作清单检查表（附示例）

序号	工作项目	完成人	备注
1	证人诉讼权利义务告知书☑	甲	无
2	庭审前询问提纲 □		
3	质证目录 □		
4	案卷材料整理及核对审查表 □		
5	涉案卷宗材料整理汇总表 □		
6	刑事庭审流程图 □		
7	诉讼代理人提交证据目录 □		
8	庭前准备 □		
9	检察机关出示证据的清单 □		
10	庭前会议诉讼代理人举证目录 □		
11	庭前会议准备事项及会议记录 □		
12	一审阶段诉讼代理人代理意见 □		
13	庭审情况记录 □		
14	诉讼代理人质证意见 □		
庭审阶段案件重点分析			
分析人：××× ××××年××月××日			

九、其他工作清单检查表

其他工作清单检查表(附示例)

序号	工作项目(方框里打√)	完成人	备注
1	控告书☑	甲	无
2	申诉书□		
3	刑事谅解书 □		
4	刑事和解协议□		
检索情况分析			
分析律师:××× ××××年××月××日			

第三节 讨论记录

一、基础知识

本记录适用于刑事律师对承办案件案情、代理思路的记录。集体讨论可以提高律师团队对案件的重视度,集思广益,各抒己见,切实把每一个案件办细办好。

承办律师要在讨论前做好充分准备,在讨论前掌握案件重点,在讨论中客观陈述案件事实,和团队交换思路,找寻案件突破点,高效讨论案件,在团队讨论后进行科学决策。

在讨论记录中,记录员负责记录讨论时间、讨论地点、主办律师、合办律师、案由、基本案情等案件信息内容,还要记录承办律师对该案件的案件思路、办案意见、主办律师对案件的主要观点和思路意见以及记录讨论人员的结论和案件办理方向,最后由承办律师、合办律师及记录员本人签字。

二、集体讨论记录

集体讨论记录

【××××】×××第×××号

讨论时间:2022年10月10日12时00分

至 2022年10月10日13时00分

讨论地点：办公室

记录人：张三

主办律师：李四

合办律师：王五、赵六

案由：盗窃罪

基本案情：甲于2022年10月1日在丁小区丙家中实施盗窃，后被××××××××

承办律师意见：该案中重点为：（略），应当从以下角度进行分析：（略）

参加人员的主要观点及意见：该案重点为：（略），我认为应当从×××角度分析：（略）

结论：通过分析，团队认为：（略）

主办律师（签名）：李四

合办律律（签名）：赵六、王五

记录人（签名）：张三

第四节 接收材料清单

一、基础知识

该表用于记录接收与受理案件相关的材料。

案件材料的接收是代理案件过程中十分重要的一环，应当记录在册。

承办律师要如实记录接收的材料名称、数量、特征、材料提供人等信息，如接收时有特殊信息，请在备注一栏填写。

该表可以详细记录办案律师在何时何地从何人手中收到案件相关的材料，方便办案律师对案情的清晰了解，对案件材料的记忆。

二、接收材料清单

接收材料清单(附示例)

【××××】第×××号
第×××页 共×××页

序号	材料名称	数量	特征(是否原件、介质、形态等)	材料提供人	备注
1	视频	1	光盘	A	无
接收单位:××× 接收人(签名):××× 见证人(签名):××× 材料提供人:××× ××××年 ××月 ××日					

第五节 接收证据材料清单

一、基础知识

刑事案件的证据是指以法律规定的形式表现出来的能够证明案件真实情况的一切事实。证据有如下形式:物证、书证、证人证言、被害人陈述、犯罪嫌疑人、被告人供述和辩解,鉴定意见、勘验、检查、辨认、侦查实验等笔录、视听资料和电子数据。

该清单用于记录案件中涉及的物证、书证等证据。

接收人需要填写证据名称、数量、特征、来源等信息,如需备注请如实填写。

该表需要提交人签字并写明本人的联系方式和提交证据日期,接收人、保管人需签字,保管单位需盖章。

证据是一个案件承办过程中不可缺少的一环,对于嫌疑人的量刑有着巨大的作用,因此在代理刑事案件时一定要对接收的证据材料妥善保管。

二、接收证据材料清单

接收证据材料清单(附示例)

【××××】刑 第××××号

编号	名称	数量	特征	来源	备注
1	证人证言	1	书证	侦查机关	无
提交人:××× 联系方式:×××××××× ××××年××月××日 接收人:××× 保管人:××× 保管单位(盖章):×××					

第六节 办案日志

一、基础知识

办案日志是承办律师对受理案件情况的记录。在承办案件过程中承办律师应当如实记录代理工作中所做的工作内容,包括工作时间、工作人员、工作事项、工作时长,用于向当事人反映代理工作内容及工作量。

该表需要办案律师填写案件名称、委托时间、委托人、案由、承办律师、参与人员、办案情况记录、集体讨论情况记录,有其他问题或特殊情况在最后一栏中填写。

二、办案日志

办案日志(附示例)

案件名称	×××盗窃案		
委托时间	2022.11.11		
委托人	甲	案由	盗窃
承办律师	乙	参与人员	丙、丁

续表

<table>
<tr><td colspan="5">办案情况记录</td></tr>
<tr><td>次数</td><td>时间</td><td>客户</td><td>工作人员</td><td>工作事项及情况</td></tr>
<tr><td>1</td><td>2022.11.13</td><td>甲</td><td>丙</td><td>代理词</td></tr>
<tr><td></td><td></td><td></td><td></td><td></td></tr>
<tr><td colspan="5">集体讨论情况记录</td></tr>
<tr><td>时间</td><td>参会人员</td><td>记录人</td><td>讨论目的</td><td>讨论结果</td></tr>
<tr><td>2022.11.14</td><td>乙、丙、丁</td><td>丁</td><td>代理词</td><td>完成</td></tr>
<tr><td></td><td></td><td></td><td></td><td></td></tr>
<tr><td></td><td></td><td></td><td></td><td></td></tr>
<tr><td colspan="5">其他</td></tr>
<tr><td colspan="5">无</td></tr>
<tr><td colspan="5"></td></tr>
<tr><td colspan="5">使用说明
《办案日志》用于如实记录办案律师在收案阶段的包括接待、跟进、集体讨论等全部工作所需的工作时长、工作人员、工作事项，用于反映代理工作内容及工作量。</td></tr>
</table>

第七节 办案小结/结案报告

一、基础知识

每个案件都要认真总结代理过程、代理思路及案件结果。

我们在案件中经过的每个程序都对自己有帮助，有利于提升自己的业务水平。案件结案报告不是简单做完随便应付，而是要回顾每个案件在每个阶段我们做出的努力、获得的回报和收获，要在结案报告中学习到知识，改进案件代理工作中的不足。

办案律师要在结案总结中提取全案的思路、对策、行动、总结经验，不断提高刑事代理水平。

填写该表时律师应当注意“代理思路与工作”一栏要认真填写，“总结”一栏应当填写办案的过程总结和心得总结。

二、办案小结/结案报告

办案小结/结案报告(附示例)

案件名称	甲涉嫌盗窃罪		
案由	盗窃	代理范围	一审
当事人	乙	委托人	丙
		近亲属	丁
委托时间	2022.2.2	结案时间	2022.10.2
代理人	B		
案件概述	本案基本案情:×××××××× 承办过程:××××××××		
代理思路与工作	代理思路:×××××××× 工作过程:××××××××		
总结	办案总结:×××××××× 心得:××××××××		

第八节 代理工作确认评价表

一、基础知识

该表先由承办律师填写案件名称、承办律师姓名、案件代理阶段以及案件承办工作中的具体工作内容。委托人或当事人本人对律师工作予以工作内容评价、总体评价并签字确认,如有其他意见可在最后一栏填写,方便律师更新改进代理工作。

本表有利于刑事律师强化服务意识,在律师的职业生涯中,委托人和当事人是否满意是律师工作好坏的重要评价标准。

本表的另外一个重要作用是书面告知委托人和当事人本人律师工作的内容及工作量。

二、代理工作确认评价表

代理工作确认评价表(附示例)

委托人/当事人评价			
案件名称:控告甲涉嫌盗窃罪			
承办律师	A	合办律师	B
案件阶段	一审		
工作列表			
序号	时间	工作内容	评价
1	2022.2.2	调查取证	完成
2			
3			
总体评价及确认			
优秀☑　良好□　一般□　不满意□ 其他意见:无 委托人/当事人:××× ××××年××月××日			

第九节 其他材料清单

一、基础知识

(一)本清单用于代理人整理在工作中获取的其他材料,具体是指无法归类到调取、接受证据材料等内容中,又有必要附卷备查的其他材料。

(二)入档日期是指材料被采取保护措施的日期。

(三)需要详细填写材料名称、数量、单位、规格/型号、特征、来源、保管情况,如材料特殊在备注栏里写明。

二、其他材料清单

其他材料清单(附示例)

【××××】×××第×××号
××××年××月××日

序号	材料名称	数量	单位	规格/型号	特征	来源	保管情况	备注
1	证人证言	1	无	书证	纸质 复印件	公安局	完好	无
2								
3								
保管人:×××					入档日期:××××年××月××日			

第十节 重点梳理表

一、基础知识

本表用于代理人对在案件分析中掌握的重点进行分析梳理。通过记录案件重点,分析法理依据和实务依据,从而得出自己的结论和见解。

对案件进行重点梳理在案件的代理工作中十分重要。只有清晰明了地梳理案件重点,才能使办案律师明确代理思路,清晰代理方向;且在梳理重点中分析法理依据和实务依据,不仅对本案有帮助,也是提升办案律师能力的方式。

二、重点梳理表

重点梳理表(附示例)

时间			案由		
序号	重点	法理依据	实务依据	分析结论	提出人
1	证据	刑事诉讼法	案例11号	证据能够直接证明	甲

第十一节 以案释法/案件答疑

一、基础知识

律师在案件代理工作结束之后，可以使用本表对本案疑难工作进行分析，对法律问题进行解答，或用法律依据解释在实务中遇到的司法问题，面对大众以案释法。

办案律师也可以将案件的答疑情况分享到工作团队和客户群体，通过探讨和研究提高自身专业水平，增强律师知名度和专业度，也有利于新案件的承办和旧案件的总结。

该表主要需要填写案由、案情分析、判决分析，其他疑难问题分析。

二、以案释法/案件答疑

以案释法/案件答疑（附示例）

案件名称：			
案号		案由	
案件阶段		案件结果	
承办律师		合办律师	
案情分析	序号	代理重点	法律依据
	1	量刑	刑诉第×××条
判决分析	序号	判决重点	法律依据
	1	量刑	刑诉第×××条
其他情况			
			代理律师：××× ××××年××月××日

第十二节 案件存档封皮

一、基础知识

案件存档是案件代理结束的标志。为了使存档工作顺利进行以及便于日后查阅案件资料，办案律师可以在案件存档时填写卷宗封皮。

在该表中，律师需要填写律师事务所名称、办案年度、案卷号、案由、委托人、承办律师、协办律师、侦查机关及其办案人、公诉机关及其办案人、审判机关及其办案人、案件被害人、被告人（犯罪嫌疑人）、处理结果、收案日期、结案日期、承办结果、归档日期、保管期限等基本信息，最后由立卷人签字并注明日期。

二、律师事务所刑事业务档案卷宗

律师事务所刑事业务档案卷宗

××××年度×××字第×××号					
案由					
委托人		承办律师		协办律师	
侦查机关		办案人			
公诉机关		办案人			
审判机关		办案人			
被害人					
被告人/犯罪嫌疑人					
处理结果					
收案日期	××××年××月××日	结案日期	××××年××月××日		
承办结果					
归档日期	××××年××月××日	保管期限			
立卷人		备注			

第七章 庭审系列材料

第一节 证人诉讼权利义务告知书

一、基础知识

(一)法律依据

根据《中华人民共和国刑事诉讼法》的规定,在人民检察院办理案件期间,证人有如下诉讼权利和义务:

1、凡是知道案件情况的人,都有作证的义务。

2、有用本民族的语言文字进行诉讼的权利。

3、对于侦查人员、鉴定人、记录人、翻译人员有下列情形之一的,证人及其法定代理人有权申请回避:(1)是本案的当事人或者是当事人的近亲属的;(2)本人或者他的近亲属和本案有利害关系的;(3)担任过本案的证人、鉴定人、辩护人、诉讼代理人的;(4)与本案当事人有其他关系,可能影响公正处理案件的。对驳回申请回避的决定,可以申请复议一次。

4、未满18周岁的证人在接受询问时有权要求通知其法定代理人到场。

5、应当如实地提供证据、证言,有意作伪证或者隐匿罪证应负相应的法律责任。

6、有权核对询问笔录。没有阅读能力的,侦查人员应当向其宣读。如果记载有遗漏或者差错,有权提出补充或者改正,经核对无误后,应当在询问笔录上逐页签名、捺指印。有权自行书写亲笔证词。

7、因在诉讼中作证,人身安全面临危险的,可以向公安机关、人民检察院、人民法院请求对本人或其近亲属予以保护。

8、对侦查人员侵犯其诉讼权利或者进行人身侮辱的行为,有权提出控告。

9、证人因履行作证义务而支出的交通、住宿、就餐等费用,有权获得补助。有工作单位的证人作证,所在单位不得克扣或者变相克扣其工资、奖金及其他福利待遇。

(二)使用说明

说明自己是该案的证人,并明确证明的权利义务。

二、证人诉讼权利义务告知书

证人诉讼权利义务告知书

×××先生/女士:

根据《中华人民共和国刑事诉讼法》的规定,您作为本案的证人,依法享有的诉讼权利和承担的诉讼义务如下:

(一)诉讼权利

1.要求提供作证条件和保密的权利

询问人应当保证您有客观充分地提供证据的条件,并为您保守秘密。如果您的作证内容涉及国家秘密、商业秘密、个人隐私,您有权要求保密。

2.使用本民族语言文字进行诉讼及获得翻译的权利

您有权使用本民族语言文字进行诉讼。

如果您是聋、哑人或者不通晓当地通用语言文字,询问人应当为您聘请通晓聋、哑手势或者当地通用语言文字且与本案无利害关系的人员为您提供翻译。

3.控告权

如果办案人员有侵犯您诉讼权利和人身侮辱的行为,或者采用羁押、暴力、威胁、引诱、欺骗等非法方法收集证据的行为,您有权提出控告。

4.获得保护和经济补助的权利

如果因在诉讼中作证,您或者近亲属的人身安全面临危险,您有权拒绝继续作证,并向人民检察院、公安机关申请采取措施,保障您及您的近亲属的安全。

如果因在危害国家安全犯罪、恐怖活动犯罪、黑社会性质组织犯罪、毒品犯罪等案件中作证,您或者近亲属的人身安全面临危险,您有权拒绝继续作证,并向人民检察院、公安机关申请采取措施,保障您及您的近亲属的安全。

如果因履行作证义务而支出交通、住宿、就餐等费用,您有权获得补助。

如果您有工作单位，所在单位不得因您作证而克扣或者变相克扣您的工资、奖金及其他福利待遇。

5. 知悉证明文件、核对笔录和亲笔书写陈述的权利

您有权要求询问人向您出示证明文件，说明情况。询问时，侦查人员、检察人员、书记员不得少于二人。

询问笔录应当交您核对。如果您没有阅读能力，询问人应当向您宣读。如果记载有遗漏或者差错，您有权要求补充或改正。

您有权请求自行书写证词，询问人应当准许。

6. 特殊情况不被强制出庭作证的权利

如果您是犯罪嫌疑人、被告人的配偶、父母、子女，除非您同意，否则司法机关不能强制您出庭作证。

7. 未成年证人的特殊权利

您若未满十八周岁，可以要求通知您的法定代理人询问时到场，法定代理人可以代为行使您的诉讼权利。无法通知，法定代理人不能到场或是共犯的，可以要求通知您的其他成年亲属，所在学校、单位或者居住地的村民委员会、居民委员会、未成年人保护组织的代表到场。

您若是未满十八周岁的女性，询问时应当有女工作人员在场。

（二）诉讼义务

1. 作证的义务

凡是知道案件情况的人，都有作证的义务。

2. 如实提供证据、证言并出庭作证的义务

您应当如实地提供证据、证言，有意作伪证或者隐匿罪证，将承担相应的法律责任。

法院依法通知您出庭作证的，您应当出庭作证；没有正当理由不出庭作证，法院可以强制您出庭作证，但您是被告人的配偶、父母、子女的除外。

如果您无正当理由不出庭作证或者出庭后拒绝作证，您将承担相应的法律责任。

3. 在询问笔录上签字和按要求书写证词的义务

经核对无误后，您应当在询问笔录上逐页签名、盖章或者捺指印。

允许询问人对您提供的不便搬运、不易保存的书证、物证，拍摄原物照片

或者录像。

证人签名：×××

××××年××月××日

第二节 庭审前询问提纲

一、基础知识

（一）适用情况

当事人陈述也是证据的一种，而且是很重要的证据。通过询问，可以了解当事人对案件的想法，有利于以后进行调解。

（二）使用说明

庭审发问环节是刑事案件开庭审理的重要一环，也是辩护人向法庭证明自己的当事人（被告人）无罪或罪轻的重要机会。因此，代理人应该在庭前充分了解案件细节，全面掌握本案的各种不利、有利证据，通过发问，予以及时澄清不利证据，巩固有利证据。

二、庭审前询问提纲

庭审前询问提纲

询问地点：×××

询问人：×××

被询问人：×××

询问内容：

（一）确定本次询问主题、目的

（二）告知起诉意见书的相关情况并询问当事人对起诉意见书的意见

（三）告知阅卷证据情况及犯罪事实情况

（四）核实卷宗中的证据

1. 对当事人持有异议的证据，询问异议内容、理由、相关证据；

2. 对当事人不持异议的证据进行记录。

（五）核实被告人辩护律师提供证据

1. 对当事人持有异议的证据，询问异议内容、理由、相关证据；

2. 对当事人不持异议的证据进行记录。

（六）询问当事人是否补充新的证据佐证被告人定罪量刑

（七）向当事人告知诉讼代理人审查证据的情况（包括证据的合法性、真实性、关联性、证明力）

（八）告知当事人在审查起诉阶段的权利、义务

（九）告知当事人诉讼代理人对本案的诉讼内容及方向

第三节 质证目录

一、基础知识

（一）法律依据

《中华人民共和国刑事诉讼法》第五十条 可以用于证明案件事实的材料，都是证据。

证据包括：（一）物证；（二）书证；（三）证人证言；（四）被害人陈述；（五）犯罪嫌疑人、被告人供述和辩解；（六）鉴定意见；（七）勘验、检查、辨认、侦查实验等笔录；（八）视听资料、电子数据。

证据必须经过查证属实，才能作为定案的根据。

第一百九十八条 法庭审理过程中，对与定罪、量刑有关的事实、证据都应当进行调查、辩论。

经审判长许可，公诉人、当事人和辩护人、诉讼代理人可以对证据和案件情况发表意见并且可以互相辩论。

审判长在宣布辩论终结后，被告人有最后陈述的权利。

（二）适用情形

当被告人及其辩护人本案提交有利于被告人无罪/罪轻的证据时，被害人及其诉讼代理人可以对该证据进行质证。

质证目录划分为：证据名称，证据种类，证据的合法性，证据的客观性，证据的关联性，证明目的、证明效果、证明标准，证据之间关联、矛盾七块内容。

1. 证据名称是被告人或辩护人提供的证据名称，必要时可以将该组证据的内容做重点摘要；

2. 证据种类是《中华人民共和国刑事诉讼法》中明确规定八种法定证据种类，特别要注意的是质证时审查该组证据是否属于法定证据种类；

3. 证据的合法性要对该组证据程序即收集方式合法性审查，例如：

言词证据：询问时间、地点、询问人身份、人数、方式，以及对笔录的制作、修改是否符合法律、有关规定。特别注意特殊人群的询问：盲聋哑人、少数民族、外国人、未成年人。

鉴定意见：鉴定机构和鉴定人是否具有相应资质，鉴定人是否存在应当回避的情形，检材的来源、取得、保管、送检，以及鉴定程序是否符合法律、有关规定。

物证、书证：收集程序、方式是否符合法律、有关规定，勘验、检查、辨认、侦查实验等行为是否依法进行，笔录的制作是否符合法律、有关规定，勘验、检察人员和见证人是否签名或者盖章。

除了以上对于证据程序合法的审查，在质证时还要注意审查该组证据内容的合法性。

4. 证据客观性审查是指该组证据是能够证明已经发生的案件事实客观存在的事实材料，而非主观推理判断得来的。

5. 证据关联性审查是指被告人或辩护人提供的证据材料与本案存在一定的联系。

6. 证据证明目的、证明效果、证明标准审查是指对被告人或辩护人举证用以证明事实的目的和作用，其是为完成查明案件事实的任务。

7. 证据之间关联、矛盾要求被害人及其诉讼代理人在质证前能够对本案案情事实及相关案卷证据、材料有总体的把握，在被告人和辩护人提供证据与本案的事实或其他证据有关联性或矛盾点时，能够及时反馈，综合梳理进行质证。

二、质证目录

质 证 目 录(附示例)

-- ×××涉嫌×××罪一案

案号:××× 诉讼代理人:×××

序号	证据名称	证据种类	合法性	客观性	关联性	证明目的、证明效果、证明标准	证据之间关联、矛盾
第一组证据(范例)							
1	《×××(被告人)精神鉴定报告》	鉴定意见	有异议。该份报告由被告人辩护律师提供,非经司法机关委托鉴定。鉴定程序违法。	有异议,无法反映真实客观情况。	有异议,与本案无关联。		无法达到证明目的,理由:(略)
2							
3							
第二组证据							
4							
5							
6							

第四节 案卷材料整理及核对审查表

一、基础知识

案卷材料整理及核对审查表是律师在刑事诉讼中最基础的工作内容,包括委托手续的递交以及刑事卷宗中证据材料的审查核对。"细节决定成败"。通过对基础工作的把握,以及对每一份材料的细节性核对,更有可能发现关于程序或实质犯罪事实上的缺漏,以便诉讼代理人进行补充。

案卷材料整理及核对审查表分为两个部分:"授权委托手续的递交"和"卷宗材料及被告人/辩护人提供证据材料整理及核对审查表"

1. 授权委托手续的递交环节主要为做好记录,避免因未及时提交授权委托书而产生麻烦；

2. 卷宗材料及被告人/辩护人提供证据材料整理及核对审查表主要是对《起诉意见书》、《量刑建议书》以及卷宗材料证据进行相关审理、补充，以全面把握案件原貌，应对庭审中被告人及其辩护人提出的意见情况。对于卷宗材料、证据核对审查应从“程序”及“实体”两方面入手（这也是诉讼代理人在“质证环节”的思考方向），一方面对于被告人及辩护人提供证据材料作全面的把握，有利于庭审中质证环节强有力的反馈和推进；另一方面对卷宗材料作全面把握，有利于在被告人或辩护人提出质证意见时做适时的补充。

卷宗材料是否符合程序、实体要求，一一核对后如实细致地记录在“审查结果”一栏中，对本案中特别需要强调的内容，可记录在“补充情况”一栏，以便庭上查看。

二、案卷材料整理及核对审查表

案卷材料整理及核对审查表

<table>
<tr><td colspan="4">授权委托手续的递交</td></tr>
<tr><td colspan="2">手续自检</td><td>递交日期</td><td>接收人
身份+联系方式</td></tr>
<tr><td colspan="2">□律师事务所所函 □被害人委托书 □律师证复印件
□ 被害人身份证/亲属关系证明材料（如委托人为亲属）</td><td></td><td></td></tr>
<tr><td colspan="4">卷宗材料及被告人/辩护人提供证据材料整理及核对审查表</td></tr>
<tr><td colspan="2">内容</td><td>审查结果</td><td>补充内容</td></tr>
<tr><td colspan="4">《起诉意见书》《量刑建议书》</td></tr>
<tr><td colspan="2">《起诉意见书》
1. 被告人基本信息（姓名、性别、出生日期、籍贯、民族、文化程度、单位、职务、住址、是否曾受过刑事处罚、被拘留、逮捕日期等）；
2. 案由和案件来源；
3. 犯罪事实和证据；
4. 起诉理由及法律根据；</td><td></td><td></td></tr>
<tr><td>侦查机关</td><td>1. 审查对本案是否有应当回避而没有回避的事由</td><td></td><td></td></tr>
<tr><td></td><td>2. 明确指控的罪名及相关的法律法规</td><td></td><td></td></tr>
<tr><td></td><td>3. 明确指控的案件事实和程序事实</td><td></td><td></td></tr>
<tr><td>检察机关</td><td>1. 审查对本案是否有应当回避而没有回避的事由</td><td></td><td></td></tr>
<tr><td></td><td>2. 审查是否对本案提起附带民事诉讼</td><td></td><td></td></tr>
</table>

续表

被害人/诉讼代理人思考方向： 1.对犯罪嫌疑人定罪量刑犯罪事实的认定是否缺漏； 2.对犯罪嫌疑人定罪量刑证据补充； 3.适用法律规定审核（包括刑事追责法律依据、量刑情节法律依据）； 4.法定量刑情节审查（包括被告人年龄、行为能力，正当防卫、紧急避险，犯罪预备、未遂、中止情形，共同犯罪中的地位及作用，自首、立功情况是否属实以及对被害人和社会的危害程度）； 5.酌定量刑情节审查（包括退赃、赔偿、和解方案、谅解等情节是否属实，犯罪前后的社会表现及犯罪过程是否属于加重情节）； 6.其他（包括物质赔偿责任的承担是否自愿、真实等）。		
卷宗材料		
1.卷宗分类：诉讼文书卷、诉讼证据（侦查）卷、补充侦查卷； 2.详看卷宗； 3.标注被告人定罪量刑重点内容（特别关注加重情节）		
犯罪嫌疑人、被告人供述和辩解		
一、诉讼权利义务告知书 在讯问之前是否告知被讯问人诉讼权利义务，是否有诉讼权利义务告知书，并且被讯问人签字捺印。 二、讯问笔录结构 1.看标题是讯问笔录还是询问笔录，一字之差内涵不同； 2.看次数，笔录是否完整，多次笔录的原因； 3.看时间，与笔录长度是否对应，与其他证据出现的先后顺序，是否自首，讯问笔录的时长与同步录音录像是否一致； 4.看地点，羁押以后是否在看守所进行讯问； 5.看讯问人、人数，是否为“分身”，是否有资格； 6.看供述人身份、年龄，与案件关系，有无特殊身份； 7.看制作、修改、核对情况，供述人是否核对确认笔录并亲自签字捺印，是否向无阅读能力的供述人宣读笔录，全文有无复制粘贴涂改； 8.看页码，有无缺页错页。 三、讯问笔录内容 1.看讯问方法； 2.看矛盾之处； 3.看常识，案发过程是否符合常识，案情是否符合常识，对案件结果态度是否符合常识； 4.看印证； 5.看不合法证据，是否存在采用非法拘禁等限制人身自由的方法收集供述，是否存在通过威胁的方法收集供述，是否存在诱供指供骗供，是否存在通过施用药物、催眠等方式进行审讯，是否存在通过刑讯逼供等非法方式获得重复性笔录；		
被害人、证人证言		

续表

一、诉讼权利义务告知书 在询问之前是否告知被询问人诉讼权利义务，是否有诉讼权利义务告知书，并且被询问人签字捺印。 二、被害人、证人证词结构 1.看标题是讯问笔录还是询问笔录，一字之差内涵不同； 2.看次数，笔录是否完整，多次笔录的原因； 3.看时间，与笔录长度是否对应，与其他证据出现的先后顺序，询问笔录的时长与同步录音录像是否一致； 4.看地点； 5.看询问人、人数，是否为“分身”，是否有资格； 6.看被询问人身份、年龄，与案件关系，有无特殊身份，认知表达能力，是否提供语言帮助，是否存在应当出庭而未出庭的情形； 7.看制作、修改、核对情况，被询问人是否核对确认笔录并亲自签字捺印，是否向无阅读能力的被询问人宣读笔录，询问人是否在询问笔录上签字，全文有无复制粘贴涂改； 8.看页码，有无缺页错页。 三、被害人、证人证词内容 1.看询问方法； 2.看矛盾之处； 3.看常识，案发过程是否符合常识，案情是否符合常识，对案件结果态度是否符合常识； 4.看印证； 5.看不合法证据，是否存在采用非法拘禁等限制人身自由的方法收集供述，是否存在通过威胁的方法收集供述，是否存在诱供指供骗供，是否存在通过施用药物、催眠等方式进行询问，是否存在通过刑讯逼供等非法方式获得重复性笔录； 6.看取证方式，是否为个别询问，是否出示询问通知书和工作证件； 7.看证明力，是否为现场目击者或亲历者，是否存在关联性，是否反复变化，与其年龄、学历、生活环境、记忆力是否匹配。		
现场勘验、检查笔录		
一、现场勘验、检查笔录结构 1.是否详细记载了基本信息； 2.是否有相关参与人员签名； 3.是否附有清单； 4.是否附有现场图、现场照片、现场录音录像； 5.是否载明勘验过程、结果； 6.人员是否具有法定资质； 7.人员的人数是否合法，是否有见证人； 8.时长是否合理； 9.是否与案发、报案、立案时间相互矛盾； 10.距离案发时间的间隔； 11.地点是否一致，同一地点的多次勘验、检查笔录的异同，是否属于一“勘”一笔录。		

续表

二、现场勘验、检查笔录内容 1.是否采取适当的现场保护措施； 2.步骤是否符合法律规定； 3.方法是否符合法律规定； 4.现场图、照相和录像是否符合法律规定； 5.是否合法、全面、及时收集、提取、扣押、固定物证、痕迹； 6.是否违规强制检查； 7.是否存在关联性，是否与其他证据存在矛盾； 8.是否符合常识。		
辨认笔录		
一、辨认笔录结构 1.辨认参与人员是否签字； 2.辨认笔录是否记载辨认人、辨认对象的信息； 3.辨认笔录是否描述辨认过程； 4.辨认笔录是否记载辨认结果。 二、辨认人情况 1.如辨认人系未成年人，需要有适格成年人在场陪同辨认； 2.辨认人是否有辨认能力。 三、审查辨认时间 1.是否存在同时空辨认； 2.辨认时长是否合理； 3.辨认笔录载明的辨认时间与实际时间是否一致。 四、审查辨认对象 1.辨认对象是否明确、来源是否具有合法性； 2.辨认对照人、物数量是否合法； 3.辨认对照人、物之间是否存在明显差异。 五、审查辨认过程、方法 1.是否在辨认前询（讯）问辨认人； 2.辨认人与被辨认人、物之间的关系； 3.辨认活动是否个别进行； 4.辨认前是否见过被辨认人、物； 5.是否存在明显暗示、指认情形。 六、审查辨认笔录的证明力 1.辨认笔录是否与案件具有关联性； 2.辨认笔录是否与其他证据相互佐证、印证或存在矛盾； 3.辨认笔录是否符合常识。		
鉴定意见		
一、鉴定意见结构 1.委托手续、资料是否完备； 2.鉴定意见书是否注明受理日期、委托事项，是否列明鉴定依据，是否注明鉴定及论证过程，是否有明确的鉴定结论，鉴定人的签名是否符合要求，是否注明鉴定机构并盖章，是否注明鉴定文书的出具日期，是否附有鉴定人、鉴定机构的资质证明材料，附件是否齐全；		

续表

3. 鉴定机构是否具备法定资质以及资质是否在有效期内，鉴定人是否具备法定资质及资质是否在有效期内，鉴定人数是否达到法定标准，鉴定项目是否属于鉴定机构、鉴定人的业务范围，鉴定人是否违反回避规定，鉴定人是否直接参与鉴定活动； 4. 鉴定检材的来源、取得、提取、保管、送检过程是否合法，鉴定对象与送检材料、样本是否一致，鉴定检材的取样数量是否达到相关要求或检材是否完整。 二、鉴定意见内容 1. 受理鉴定的程序是否合法； 2. 鉴定取样的程序是否合法； 3. 是否进行前置鉴定； 4. 鉴定方法是否合法； 5. 送检时间是否符合法律规定； 6. 鉴定委托程序是否合法； 7. 鉴定基准日的选择是否准确； 8. 鉴定时间是否超过期限； 9. 重新鉴定是否符合法律规定； 10. 鉴定依据是否是国家标准、行业标准和技术规范、该专业领域多数专家认可的技术方法； 11. 鉴定意见的送达是否合法； 12. 鉴定意见的结论与待证事实是否具有关联性，检材、样本与案件是否存在关联性，鉴定意见与其他在案证据是否存在矛盾。		
书证、物证		
一、书证的来源、真实性、完整性、关联性 1. 收集主体是否具有法定资质； 2. 收集人员是否不少于二人； 3. 收集手续是否齐全、合法； 4. 是否有适格的见证人见证； 5. 收集方法是否合法； 6. 复制件、副本制作程序是否合法； 7. 是否交给相关利害关系人或知情人辨(签)认； 8. 辩(签)认意见是否明确； 9. 是否为原件； 10. 实际形成时间、过程与书证载明的形成时间、过程是否一致； 11. 是否被涂改、修改、替换； 12. 保管、流转过程； 13. 是否完整、全面调取书证； 14. 与待证事实的关联性，对案件证明作用的大小。 二、物证的来源、真实性、完整性、关联性 1. 是否为原物； 2. 收集、提取主体是否具有法定资质； 3. 人员的数量是否符合法律规定； 4. 收集、提取、固定、封存时间能否保证物证的真实性； 5. 提取方法、程序是否合法； 6. 笔录是否合法； 7. 犯罪嫌疑人是否在场； 8. 是否有适格的见证人见证；		

续表

9.现场照片、录音录像是否与勘验、搜查、检查、扣押等笔录一致； 10.物证复制品、照片的制作程序是否合法； 11.是否以非法方式收集物证； 12.物证复制品、照片的制作主体是否合法； 13.相关物证是否交给利害关系人或知情人辨认、指认； 14.物证的保管、流转主体、过程是否合法； 15.物证与待证事实的关联性，对证明案件事实的作用大小。		

第五节 涉案卷宗材料整理汇总表

一、基础知识

刑事案件卷宗材料冗长繁多，若不对涉案卷宗材料进行整理汇总，恐会让律师迷失在“卷海”中。通过《涉案卷宗材料整理汇总表》，不仅能检查涉案相关材料文件的完整性、缺失情况，以便查阅方便之后开展律师工作；更重要的是通过对卷宗材料的初步整理，让律师对本案具体情况有大致了解，极大地提升诉讼代理人论证观点、补充观点的效率。

《涉案卷宗材料整理汇总表》分为：涉案卷宗基本情况、卷宗具体内容及其他材料三个部分，本环节仅是形式上的整理汇总，目的是让诉讼代理人在案件的办理过程中能够快速准确地找到相关内容，节省查找卷宗时间。在团队合作中，也能够提升团队成员翻看卷宗的效率，使团队成员紧密配合。

二、涉案卷宗材料整理汇总表

涉案卷宗材料整理汇总表（附示例）

<table>
<tr><td colspan="6">涉案卷宗基本情况</td></tr>
<tr><td>案号</td><td colspan="5"></td></tr>
<tr><td>案件名称</td><td colspan="5"></td></tr>
<tr><td>被害人姓名</td><td></td><td>调取日期</td><td></td><td>填表人</td><td></td></tr>
<tr><td>案管人员
姓名</td><td colspan="2"></td><td>联系方式</td><td colspan="2"></td></tr>
<tr><td colspan="6">卷宗一具体内容（范例）</td></tr>
<tr><td>卷宗一名称</td><td colspan="2">刑事诉讼卷一：侦查卷</td><td>卷宗一页数</td><td colspan="2">56</td></tr>
<tr><td>电子卷宗
密码</td><td colspan="5">无</td></tr>
</table>

续表

完整度	是☑ 否☐		正常打开	是☑ 否☐	
缺失情况	无				
证据种类	物证☐　书证☐　证人证言☐　被害人陈述☐ 犯罪嫌疑人、被告人供述和辩解☐　鉴定意见☐ 勘验、检查、辨认、侦查实验等笔录☑　视听资料、电子数据☐				
卷宗二具体内容					
卷宗二名称			卷宗二页数		
电子卷宗 密码					
完整度	是☐否☐		正常打开	是☐ 否☐	
缺失情况					
证据种类	物证☐　书证☐　证人证言☐　被害人陈述☐ 犯罪嫌疑人、被告人供述和辩解☐　鉴定意见☐ 勘验、检查、辨认、侦查实验等笔录☐　视听资料、电子数据☐				
其他材料					
起诉意见书份数		页数		完整度	是☐ 否☐
物证数量			已查看	是☐ 否☐	
未查看原因					
照片数量			录像数量		

第六节 刑事庭审流程图

一、基础知识

(一)法律依据

《中华人民共和国刑事诉讼法》第一百八十六条 人民法院对提起公诉的案件进行审查后,对于起诉书中有明确的指控犯罪事实的,应当决定开庭审判。

第一百八十七条 人民法院决定开庭审判后,应当确定合议庭的组成人员,将人民检察院的起诉书副本至迟在开庭十日以前送达被告人及其辩护人。

在开庭以前,审判人员可以召集公诉人、当事人和辩护人、诉讼代理人,对回避、出庭证人名单、非法证据排除等与审判相关的问题,了解情况,听取意见。

人民法院确定开庭日期后,应当将开庭的时间、地点通知人民检察院,传唤当事人,通知辩护人、诉讼代理人、证人、鉴定人和翻译人员,传票和通知书至迟在开庭三日以前送达。公开审判的案件,应当在开庭三日以前先期公布案由、被告人姓名、开庭时间和地点。

上述活动情形应当写入笔录,由审判人员和书记员签名。

第一百九十条 开庭的时候,审判长查明当事人是否到庭,宣布案由;宣布合议庭的组成人员、书记员、公诉人、辩护人、诉讼代理人、鉴定人和翻译人员的名单;告知当事人有权对合议庭组成人员、书记员、公诉人、鉴定人和翻译人员申请回避;告知被告人享有辩护权利。

被告人认罪认罚的,审判长应当告知被告人享有的诉讼权利和认罪认罚的法律规定,审查认罪认罚的自愿性和认罪认罚具结书内容的真实性、合法性。

第一百九十一条 公诉人在法庭上宣读起诉书后,被告人、被害人可以就起诉书指控的犯罪进行陈述,公诉人可以讯问被告人。

被害人、附带民事诉讼的原告人和辩护人、诉讼代理人,经审判长许可,可以向被告人发问。

审判人员可以讯问被告人。

第一百九十七条 法庭审理过程中,当事人和辩护人、诉讼代理人有权申请通知新的证人到庭,调取新的物证,申请重新鉴定或者勘验。

公诉人、当事人和辩护人、诉讼代理人可以申请法庭通知有专门知识的人出庭,就鉴定人作出的鉴定意见提出意见。

法庭对于上述申请,应当作出是否同意的决定。

第二款规定的有专门知识的人出庭,适用鉴定人的有关规定。

第二百条 在被告人最后陈述后,审判长宣布休庭,合议庭进行评议,根据已经查明的事实、证据和有关的法律规定,分别作出以下判决:(一)案件事实清楚,证据确实、充分,依据法律认定被告人有罪的,应当作出有罪判决;(二)依据法律认定被告人无罪的,应当作出无罪判决;(三)证据不足、不能认定被告人有罪的,应当作出证据不足、指控的犯罪不能成立的无罪判决。

第二百一十一条第一款 人民法院对于自诉案件进行审查后,按照下列情形分别处理:(一)犯罪事实清楚,有足够证据的案件,应当开庭审判;(二)缺乏罪证的自诉案件,如果自诉人提不出补充证据,应当说服自诉人撤回自诉,或者裁定驳回。

（二）适用情形

刑事案件的开庭审理是刑事诉讼中极为重要的一环，同样需要被害人和诉讼代理人用心准备。刑事庭审流程图有利于帮助被害人了解刑事庭审程序，理解刑事庭审的每个环节。特别当被害人出庭陈述时，提前熟悉刑事案件庭审流程能够消除其紧张心理，方便庭审的顺利进行。

二、刑事庭审流程图

（一）公诉案件

公诉案件庭审流程图

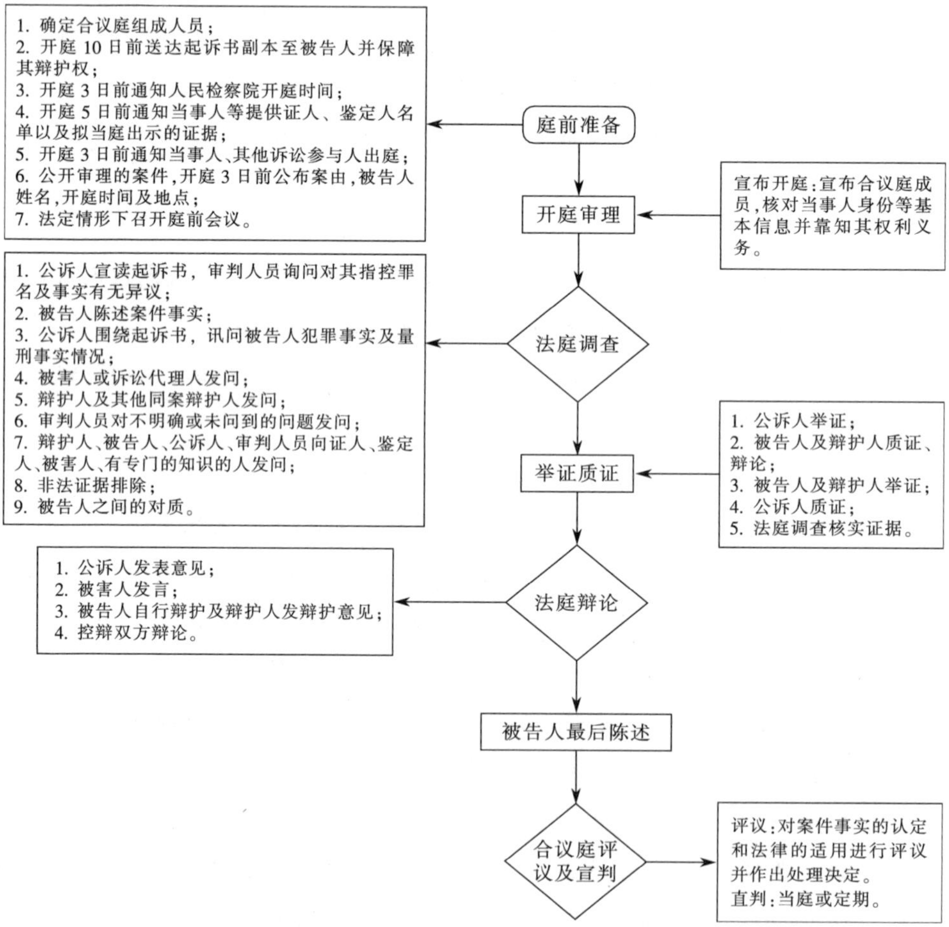

(二)自诉案件

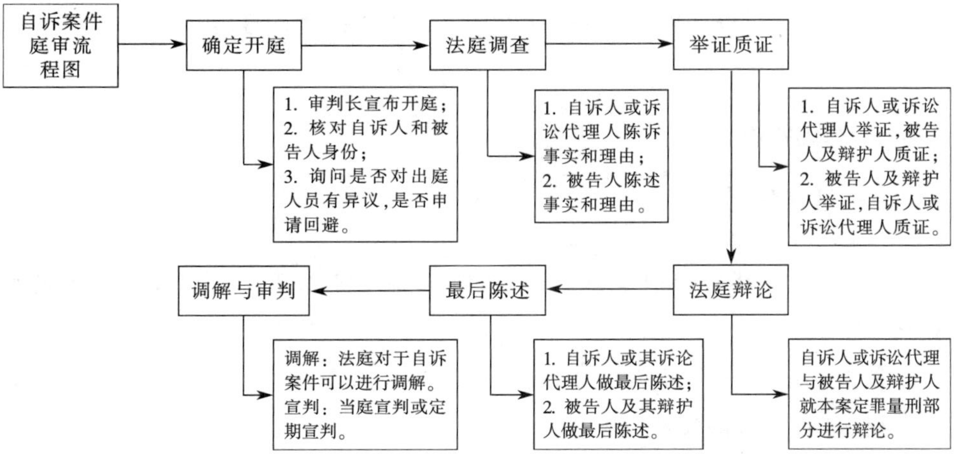

(三)刑事附带民事

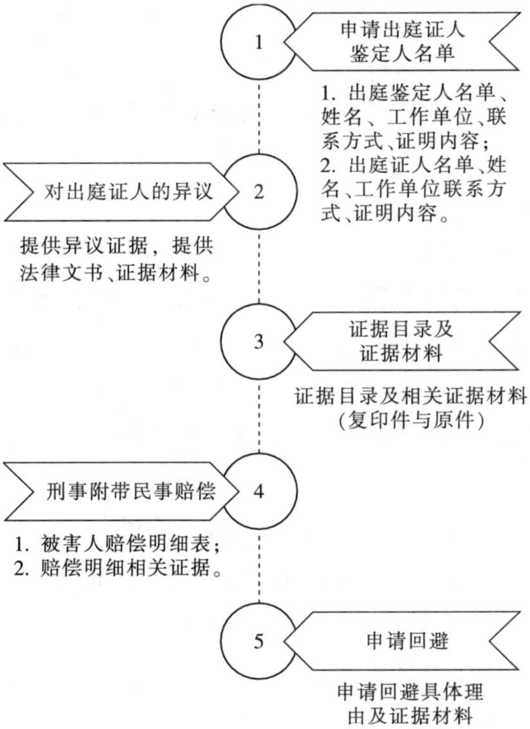

第七节 诉讼代理人提交证据目录

一、基础知识

(一)法律依据

《中华人民共和国刑事诉讼法》第五十条 可以用于证明案件事实的材料,都是证据。

证据包括:(一)物证;(二)书证;(三)证人证言;(四)被害人陈述;(五)犯罪嫌疑人、被告人供述和辩解;(六)鉴定意见;(七)勘验、检查、辨认、侦查实验等笔录;(八)视听资料、电子数据。

证据必须经过查证属实,才能作为定案的根据。

第一百九十八条 法庭审理过程中,对与定罪、量刑有关的事实、证据都应当进行调查、辩论。

经审判长许可,公诉人、当事人和辩护人、诉讼代理人可以对证据和案件情况发表意见并且可以互相辩论。

审判长在宣布辩论终结后,被告人有最后陈述的权利。

(二)适用情形

公诉机关对被告人就本案犯罪事实运用证据说理时,诉讼代理人可以针对公诉机关庭上证据进行合理补充;若被害人附带民事诉讼,则诉讼代理人提交证据目录可参考民事证据目录。该环节特别分为诉讼代理人调取、提供的证据以及对卷宗材料证据的补充内容两个部分,对于诉讼代理人调取、提交证据目录划分为:序号、证据名称、证据种类、证据来源、证据内容、证明目的、页码七块内容。

1.证据名称是诉讼代理人对证据的提炼;

2.证据种类是《中华人民共和国刑事诉讼法》中明确规定八种法定证据种类,特别要注意的是提供证据时要审查该组证据是否属于法定证据种类;

3.证据来源是指证据的来源是否通过合法途径取得,需要诉讼代理人对该组证据取得方式的合法性进行必要的说明;

4. 证据内容是对该组证据所记载陈述的情况进行简明扼要的摘录，特别强调对被害人有利或能够证明被告人加重情节的内容要做细致的摘录；

5. 证明目的是指诉讼代理人提供该组证据以证明事实的目的和作用，其是为完成查明案件事实的任务。

对卷宗证据材料进行审查核对时，诉讼代理人若存在能够进行加强补充其证明力的证据，可以在“对庭审证据/检察机关证据的补充（若有）”一栏中进行撰写，以便庭审时能够及时补充说明。

二、诉讼代理人提交证据目录

诉讼代理人提交证据目录（附示例）

案号：××× 提交人：×××

序号	证据名称	证据种类	证据来源	证据内容	证明目的	页码
第一组证据（范例）						
1	被告人×××与被害人聊天记录	电子数据	被害人提供	被告人在聊天记录明确提出与本案相同的作案手段、作案方法。	证明被告人事前预谋的犯罪。	1
2						
3						
第二组证据						
4						
5						
6						
以下证据是对庭审证据/检察机关证据的补充（若有）						
对庭审证据2的补充						
7						
8						
对检察机关证据5的补充						
9						

第八节 庭前准备

一、基础知识

(一)法律依据

《中华人民共和国刑事诉讼法》第五十条 可以用于证明案件事实的材料,都是证据。

证据包括:(一)物证;(二)书证;(三)证人证言;(四)被害人陈述;(五)犯罪嫌疑人、被告人供述和辩解;(六)鉴定意见;(七)勘验、检查、辨认、侦查实验等笔录;(八)视听资料、电子数据。

证据必须经过查证属实,才能作为定案的根据。

第一百九十一条 公诉人在法庭上宣读起诉书后,被告人、被害人可以就起诉书指控的犯罪进行陈述,公诉人可以讯问被告人。

被害人、附带民事诉讼的原告人和辩护人、诉讼代理人,经审判长许可,可以向被告人发问。

审判人员可以讯问被告人。

第一百九十四条 证人作证,审判人员应当告知他要如实地提供证言和有意作伪证或者隐匿罪证要负的法律责任。公诉人、当事人和辩护人、诉讼代理人经审判长许可,可以对证人、鉴定人发问。审判长认为发问的内容与案件无关的时候,应当制止。

审判人员可以询问证人、鉴定人。

第一百九十八条 法庭审理过程中,对与定罪、量刑有关的事实、证据都应当进行调查、辩论。

经审判长许可,公诉人、当事人和辩护人、诉讼代理人可以对证据和案件情况发表意见并且可以互相辩论。

审判长在宣布辩论终结后,被告人有最后陈述的权利。

(二)适用情形

庭前准备工作包括发问环节的询问技巧、内容,质证环节以及举证环节的注意事项。庭前准备主要是为了让诉讼代理人在庭审开始前做全面梳理,一一对应,做好充足准备应对庭审情况。

二、庭前准备

庭前准备

一、预先发问题纲	
(一)向被告人发问题纲	
目的	1.揭示定罪、量刑中被告人犯罪相关事实情况; 2.运用事实和证据,对公诉人提出的指控理由予以铺垫,预先印证公诉机关指控前提,为代理意见的发表打下基础; 3.针对被告人辩护律师提供新的证据、事实进行核实和反驳。
内容	1.核实被告人主体情况的以下内容: (1)被告人主体信息; (2)被告人的生理和精神健康; (3)被告人的文化程度和职业情况。 2.提问被告人涉嫌犯罪的以下内容: (1)揭示起诉书遗漏被告人犯罪情况事实依据; (2)揭示被告人辩护律师提供的案件证据与指控事实的关联性、合法性; (3)被告人犯罪后的表现; (4)被告人的主观状态,故意或者过失,行为的动机、目的; (5)犯罪对象、作案工具的主要特点,与犯罪有关的财物的来源、数量以及去向。 3.揭示与量刑有关的以下情节: (1)法定量刑情节及从重处罚的情节; (2)对于起诉书指控被告人加重法定量刑犯罪事实的(如数量、行为等影响量刑的因素),询问被告人阐明具体内容及主观状态; (3)与量刑有关的其他事实。
事先准备	1.分析起诉书所载明案件事实及预测评估公诉人、辩护律师对被告人发问的思路,预测被告人开庭前后的个人心理变化,代理人要预先设计发问问题及发问问题的走向,对发问问题做到心中有数、有的放矢地进行发问,从而引导问题实现代理目标; 2.全面吃透案情,客观把握案件。熟悉案件事实和情节,熟悉能够证实被告人有罪及加重的各种证据,以及证据之间的关联点和矛盾点,熟悉被告人的态度和可能的辩解内容; 3.在发问前,代理人应做好周密的庭前准备,拟定好有针对性地发问题纲。

续表

方法和要求	1. 发问被告人，首先告知其应当如实回答，并告知其回答的法律后果； 2. 发问应在起诉书指控的范围内，围绕被告人的定罪和量刑进行，应当避免与案件无关的发问； 3. 代理人发问应采取一问一答、一事一问的形式，切忌一次提出多个问题让被告人无从作答；发问应简洁明了，切忌笼统含糊；发问应避免使用反问句或多重否定句；对同一事实一般不重复发问，但需强调的除外； 4. 代理人在法庭上应尊重被告人的人格尊严，不得使用有损人格或带有人身击性的语言进行发问；发问未成年的被告人，应当根据未成年人的特点进行； 5. 避免以诱导方式发问，即不能将其想要得到的答案添加在其所提的问题当中，或者将未经证明的事实假定为已证明的事实作为发问的前提，强烈暗示被发问人按发问人的意图做出答案； 6. 对共同犯罪案件中的被告人应当分别进行发问。但被告人对同一事实的陈述存在矛盾需要对质的，代理人可以建议法庭传唤有关被告人到庭就该矛盾进行对质； 8. 发问应与法庭调查阶段的质证和法庭辩论结合起来。代理人在对被告人进行发问时，应尽量综合运用其他举证手段； 9. 代理人不应打断或限制被告人针对起诉书指控的犯罪事实进行完整辩解，应注意听取被告人陈述，并在被告人作完整陈述后，在审判长主持下开始发问。代理人发问被告人后，应向审判长提示代理人发问暂时到此； 10. 对被指控有数个罪名的被告人，应当对每项罪名涉及的每个犯罪事实与情节逐一发问。对共同犯罪的被告人应当分别发问。对既被指控有共同犯罪又有单独犯罪的被告人，一般先发问共同犯罪部分，再发问单独犯罪部分； 11. 代理人应注意分辨被告人的陈述与起诉书指控的差异或有遗漏之处，尤其涉及犯罪构成要件、罪责、量刑的事实与情节，应当发问清楚，并根据被告人的供述适时调整发问题纲，列出重点发问的问题。
（二）关于证人、鉴定人、有专门知识的人出庭相关情况	
证人、鉴定人、有专门知识的人出庭的情形	1. 代理人对证人证言有异议，且该证人证言对案件定罪量刑有重大影响的，可以申请人民法院通知证人出庭作证； 2. 人民警察就其执行职务时目击的犯罪情况作为证人出庭作证，适用证人出庭作证的规定； 3. 代理人对鉴定意见有异议的，可以申请人民法院通知鉴定人出庭作证。经人民法院通知，鉴定人拒不出庭作证的，代理人可以建议法庭不采纳该鉴定意见作为定案的根据，也可以申请法庭重新通知鉴定人出庭作证或者申请重新鉴定； 4. 必要时代理人可以申请法庭通知有专门知识的人出庭，就鉴定人作出的鉴定意见提出意见； 5. 对证人证言、鉴定意见有异议的，代理人认为必要时，可以申请人民法院通知证人、鉴定人出庭作证。
证人、鉴定人、有专门知识的人出庭作证的启动方式	1. 证人、鉴定人、有专门知识的人应由人民法院负责通知并安排出庭作证； 2. 对于经人民法院通知而未到庭的证人、鉴定人、有专门知识的人或者出庭后拒绝作证的证言笔录，代理人应当当庭宣读； 3. 对于经人民法院通知而未到庭的证人的证言笔录存在疑问，确实需要证人出庭作证，且可以强制其到庭的，代理人应当申请人民法院强制证人到庭作证和接受质证；

续表

向证人、鉴定人、有专门知识的人发问要求	1.态度要温和,在法庭上给予对方必要的尊重; 2.对回答的内容进行归纳总结,对总结中发现问题,对发现的问题再利用; 3.一个一个问题询问,循序渐进,层层递进; 4.在发问中不得诱导、威胁、不得损害人格尊严、不得泄露个人隐私; 5.对对方申请出庭的证人,尽量使用能够直接回答的封闭问题,避免对方多余的解释; 6.对己方申请出庭的证人,尽量使用开放性的问题,适时给己方证人提供机会发表有利于己方的观点。
发问过程中需应对的问题	1.证人作出回答后,代理人认为对本案被告人定罪量刑部分有决定性或重大影响时可以暂停发问,并建议法庭记录在案; 2.出庭作证的证人表述不清或出现矛盾,对被告人不利时,代理人应及时针对该部分进行补充发问,从而加深法官对可能加重被告人该事实部分的印象; 3.鉴定人当庭对鉴定意见进行说明时出现矛盾,对被告人不利时,代理人可以向法庭申请发问鉴定人。
二、质证提纲	
质证方向 (质证意见中要进行详细表述)	1.证据是否符合法定形式; 2.证据的收集是否符合法律规定; 3.证据形成的原因及过程; 4.发现证据时的客观环境; 5.证据是否为原件、原物,复制件与原件、原物是否相符; 6.证人或提供证据的其他人与案件当事人有无利害关系; 7.证据之间的相互关系; 8.证据内容前后是否一致,有无矛盾; 9.是否与案件相关联及关联程度; 10.被告人辩护律师提交的证据证明力、证明目的、证明标准及证明体系不能实现。
质证要求	1.代理人质证应根据辩护人所出示证据的内容以及辩护人对公诉人、代理人证据提出的质疑来进行补充和说明,代理人的质证要紧紧围绕案件事实、证据和适用法律进行; 2.质证应做到目的明确、重点突出、逻辑清楚; 3.质证阶段的辩论,一般应围绕证据的有效性和证明力进行; 4.在每一份证据或者全部证据质证完毕后,代理人可以根据具体案件情况,提请法庭对证据的证明力进行确认。
三、举证提纲	
内容	1.证明被告人有罪或具有加重情节; 2.被告人法定量刑情节是否属实; 3.被告人酌定量刑情节的真实性; 4.《起诉书》中公诉人就所指控的犯罪事实存在遗漏的部分; 5.被告人实施犯罪行为时存在故意等影响定罪量刑的主观心态; 6.法定加重情节; 7.与定罪量刑有关的其他事实。

续表

不需要举证证明的事实	1.为一般人共同知晓的常识性事实； 2.人民法院生效裁判所确认的并且未经审判监督程序重新审理的事实； 3.法律法规的内容以及适用等属于审判人员履行职务所应当知晓的事实； 4.在法庭审理中不存在异议的程序事实； 5.法律规定的推定事实； 6.自然规律或者定律。
举证自查（包括对公诉机关提供证据的审查）	参考本章第四节“二、案卷材料整理及核对审查表”内容
附带民事诉讼	参照民事诉讼程序举证程序

第九节 检察机关出示证据的清单

一、基础知识

（一）法律依据

《中华人民共和国刑事诉讼法》第五十条 可以用于证明案件事实的材料，都是证据。

证据包括：（一）物证；（二）书证；（三）证人证言；（四）被害人陈述；（五）犯罪嫌疑人、被告人供述和辩解；（六）鉴定意见；（七）勘验、检查、辨认、侦查实验等笔录；（八）视听资料、电子数据。

证据必须经过查证属实，才能作为定案的根据。

第五十一条 公诉案件中被告人有罪的举证责任由人民检察院承担，自诉案件中被告人有罪的举证责任由自诉人承担。

第一百九十八条 法庭审理过程中，对与定罪、量刑有关的事实、证据都应当进行调查、辩论。

经审判长许可，公诉人、当事人和辩护人、诉讼代理人可以对证据和案件情况发表意见并且可以互相辩论。

审判长在宣布辩论终结后，被告人有最后陈述的权利。

(二)适用情形

诉讼代理人对公诉机关出示证据形成清单,有助于诉讼代理人便捷找到被告人有罪的突破点,或在公诉机关对被告人就本案犯罪事实运用证据说理时,诉讼代理人可以针对公诉机关庭上证据进行合理补充。对于公诉人出示的证据清单证据目录划分为:序号、证据名称、证据种类、证据内容、证明目的、页码六块内容。

1.证据名称较为固定,主要以公诉机关提供为准;

2.证据种类是《中华人民共和国刑事诉讼法》中明确规定八种法定证据种类,特别要注意的是提供证据时要审查该组证据是否属于法定证据种类;

3.证据内容是对该组证据所记载陈述的情况进行简明扼要的摘录,特别强调对被害人有利或能够证明被告人加重情节的内容要做细致的摘录;

4.证明目的是指公诉机关提供该组证据以证明事实的目的和作用,其是为完成查明案件事实的任务。

二、检察机关出示证据的清单

检察机关出示证据的清单(附示例)

—— ×××涉嫌×××罪一案

案号:×××

序号	证据名称	证据种类	证据内容	证明目的	页码
第一组证据(范例)					
1	李××询问笔录	证人证言	李××在询问笔录中提到关于填海的项目是被告人告诉给被害人的,且被告人多次因此项目施工为由找到被害人索要“打点费用”,其中三次被害人拿钱给被告人,证人李××均在现场。	被告人主观上明知此事为虚假,多次以此为由骗取被害人钱财,符合诈骗罪的要件。	1
2					
3					
第二组证据					
4					

续表

5					
6					

第十节 庭前会议诉讼代理人举证目录

一、基础知识

(一)法律依据

《中华人民共和国刑事诉讼法》第一百八十七条 人民法院决定开庭审判后,应当确定合议庭的组成人员,将人民检察院的起诉书副本至迟在开庭十日以前送达被告人及其辩护人。

在开庭以前,审判人员可以召集公诉人、当事人和辩护人、诉讼代理人,对回避、出庭证人名单、非法证据排除等与审判相关的问题,了解情况,听取意见。

人民法院确定开庭日期后,应当将开庭的时间、地点通知人民检察院,传唤当事人,通知辩护人、诉讼代理人、证人、鉴定人和翻译人员,传票和通知书至迟在开庭三日以前送达。公开审判的案件,应当在开庭三日以前先期公布案由、被告人姓名、开庭时间和地点。

上述活动情形应当写入笔录,由审判人员和书记员签名。

《人民法院办理刑事案件庭前会议规程(试行)》第一条 人民法院适用普通程序审理刑事案件,对于证据材料较多、案情疑难复杂、社会影响重大或者控辩双方对事实证据存在较大争议等情形的,可以决定在开庭审理前召开庭前会议。

控辩双方可以申请人民法院召开庭前会议。申请召开庭前会议的,应当说明需要处理的事项。人民法院经审查认为有必要的,应当决定召开庭前会议;决定不召开庭前会议的,应当告知申请人。

被告人及其辩护人在开庭审理前申请排除非法证据,并依照法律规定提供相关线索或者材料的,人民法院应当召开庭前会议。

第三条 庭前会议由承办法官主持,其他合议庭成员也可以主持或者参加庭前会议。根据案件情况,承办法官可以指导法官助理主持庭前会议。

公诉人、辩护人应当参加庭前会议。根据案件情况,被告人可以参加庭前会议;被告人申请参加庭前会议或者申请排除非法证据等情形的,人民法院应当通知被告人到场;有多名被告人的案件,主持人可以根据案件情况确定参加庭前会议的被告人。

被告人申请排除非法证据,但没有辩护人的,人民法院应当通知法律援助机构指派律师为被告人提供帮助。

庭前会议中进行附带民事调解的,人民法院应当通知附带民事诉讼当事人到场。

(二)适用情形

附带民事诉讼代理人参加庭前会议,就被告人犯罪事实及给被害人带来的损失举证说理,举证目录也可以针对公诉机关证据进行合理补充。

对于庭前会议诉讼代理人提交证据目录划分为:序号、证据名称、证据种类、证据来源、证据内容、证明目的、页码七块内容。

1. 证据名称是诉讼代理人对证据的提炼;

2. 证据种类是《中华人民共和国刑事诉讼法》中明确规定八种法定证据种类,特别要注意的是提供证据时要审查该组证据是否属于法定证据种类;

3. 证据来源是指证据的来源是否通过合法途径取得,需要诉讼代理人对该组证据取得方式的合法性进行必要的说明;

4. 证据内容是对该组证据所记载陈述的情况进行简明扼要的摘录,特别强调对被害人有利或能够证明被告人加重情节的内容要做细致的摘录;

5. 证明目的是指诉讼代理人提供该组证据以证明事实的目的和作用,其是为完成查明案件事实的任务;

对卷宗证据材料进行审查核对时,诉讼代理人若存在能够进行加强补充其证明力的证据,可以特别在“对庭审证据/检察机关证据的补充(若有)”一栏中进行撰写,以便庭前会议时能够及时补充说明。

二、庭前会议诉讼代理人举证目录

庭前会议诉讼代理人举证目录

-- ×××涉嫌×××罪一案(附示例)

案号:××× 提交人:×××

序号	证据名称	证据种类	证据来源	证明事项	证据目的	页码
第一组证据(范例)						
1	被告人×××与被害人聊天记录	电子数据	被害人提供	被告人在聊天记录中明确提出与本案相同的作案手段、作案方法	证明被告人事前预谋的犯罪。	1
2						
3						
第二组证据						
4						
5						
以下证据是对庭审证据/检察机关证据的补充(若有)						
对庭审证据2的补充						
6						
7						
对检察机关证据5的补充						
8						

第十一节 庭前会议记录

一、基础知识

(一)适用法律

《中华人民共和国刑事诉讼法》第一百八十七条　人民法院决定开庭审判后,应当确定合议庭的组成人员,将人民检察院的起诉书副本至迟在开庭十日以前送达被告人及其辩护人。

在开庭以前，审判人员可以召集公诉人、当事人和辩护人、诉讼代理人，对回避、出庭证人名单、非法证据排除等与审判相关的问题，了解情况，听取意见。

人民法院确定开庭日期后，应当将开庭的时间、地点通知人民检察院，传唤当事人，通知辩护人、诉讼代理人、证人、鉴定人和翻译人员，传票和通知书至迟在开庭三日以前送达。公开审判的案件，应当在开庭三日以前先期公布案由、被告人姓名、开庭时间和地点。

上述活动情形应当写入笔录，由审判人员和书记员签名。

(二)适用情形

庭前会议是在开庭以前，审判人员可以召集公诉人、当事人和辩护人、诉讼代理人，对回避、出庭证人名单、非法证据排除等与审判相关的问题，了解情况，听取意见的一种会议。诉讼代理人对庭前会议做好充足准备及详细记录，有助于方便庭审的顺利进行，保障诉讼代理人及被害人的诉讼权利。

二、庭前会议记录

庭前会议记录

---×××涉嫌×××罪一案

会议时间		会议地点	
审判长(员)		书记员	
参会人员			
会议主题	管辖异议情况		
	处理结果		
	申请有关人员回避		
	处理结果		
	申请不公开审理		
	处理结果		
	申请排除非法证据		
	处理结果		
	提供新的证据材料		
	处理结果		

续表

会议主题	申请重新鉴定或勘验	
	处理结果	
	申请证人、鉴定人、侦查人员、有专门知识的人出庭	
	处理结果	
	审判相关的其他问题	
确定案件争议焦点		
参会人员核对笔录情况		

第十二节 诉讼代理人代理意见

一、基础知识

(一)适用情形

诉讼代理人代理意见是指根据本案庭审情况以及控辩双方的证据材料，根据被告人定罪量刑的关键事实情况做出的，对被害人有利，对法庭有效的观点。

本环节代理意见分为诉讼代理人第一轮代理意见、第二轮代理意见以及总体代理意见。第一轮代理意见是对被告人涉嫌罪名的犯罪事实以及证据材料发表意见，主要以公诉机关指控被告人犯罪事实，自诉人陈述犯罪过程，被告人陈述犯罪事实以及双方举证质证的流程和内容发表意见；第二轮代理意见是围绕审判长确定的争议焦点以及第一轮双方对质时未进行辩论的部分进行补充和说明；最后针对庭审两轮辩论情况汇总，对能够影响本案被告人定罪量刑或存在加重情节的部分以及双方争议较大的部分进行详细论述，形成总体代理意见，提交法庭。

(二)申请对象

人民法院。

二、诉讼代理人代理意见

一审阶段诉讼代理人代理意见

（第一轮）

——×××涉嫌×××罪一案

根据本案的证据及质证过程，可以认定：

1. 认定被告人犯罪事实是：

（略）

2. 对被告人定罪的证据及意见是：

（略）

3. 对被告人量刑的证据及意见是：

（略）

综合本案证据及庭审情况，代理人发表如下代理意见：

（略）

一审阶段诉讼代理人代理意见

（第二轮）

——×××涉嫌×××罪一案

通过本案庭审第一轮辩论，合议庭归纳本案争议焦点是：

（略）

代理人对本次庭审未进行辩论的观点进行如下补充：

（略）

代理人基于第一轮控辩双方辩论以及发表第一轮代理意见，从案件事实证据、法律规定、程序、理论等层面进一步发表如下第二轮代理意见：

（略）

诉讼代理人代理意见

——×××涉嫌××× 罪一案

尊敬的审判长、审判员：

×××律师事务所依法接受×××涉嫌×××罪一案被害人×××的委托，指派本所×××律师担任本案的诉讼代理人，现代理人根据《中华人民共和国刑事诉讼法》及相关法律规定，提出如下代理意见：

一、被告人×××的行为构成×××罪，事实清楚，证据充分。被告人×××主观存在直接故意,犯罪情节恶劣,造成被害人严重的身体伤害和精神损害,应当从重处罚,法定刑为:×××。

(一)基本事实(简述案件经过)

(略)

(二)法律分析

1.本罪的主体是×××,本案中,被告人×××符合上述主体规定。

2.本罪的客观方面表现为(略)

3.本罪所侵犯的客体是(略)

4.本罪的主观方面是(略)

(三)关于×××罪的刑事追诉及处罚

根据×××法律规定,其行为已构成×××罪,应从重处罚。因此,本案被告人的行为造成×××后果,应当依法从严惩处。

二、被告人×××的行为还触犯了×××法律规定,构成×××罪,应当依法追究刑事责任,数罪并罚。

三、被告人×××不具备坦白情节,未真诚悔罪,不同意赔偿损失,未能与被害人达成调解或和解协议,即便适用认罪认罚制度,从宽时也应当予以酌减。

(一)被告人×××供述避重就轻,处处有意为自己的罪行寻找合理化借口,并未对自己的罪过真诚悔意。

(二)被告人在犯罪行为完成之后,未采取措施防止危害后果扩大,未自动投案,仍然以无事发生的状态正常工作,后因警方抓捕才被动归案。

(三)在认罪认罚过程中,被告人未表示出一丝一毫对被害人的歉意,也未明确表示赔偿被害人的经济损失。根据其个人情况,其属于有赔偿能力而不赔偿的情况。

四、被告人×××的行为对被害人造成严重的经济损失和精神损失,被害人提起附带民事诉讼依法索赔,请求贵院予以支持起诉(详见民事起诉状)。

此致

×××人民法院

代理人:×××
×××律师事务所
××××年××月××日

第十三节 庭审情况记录

一、基础知识

(一)法律依据

《中华人民共和国刑事诉讼法》第一百八十三条 基层人民法院、中级人民法院审判第一审案件,应当由审判员三人或者由审判员和人民陪审员共三人或者七人组成合议庭进行,但是基层人民法院适用简易程序、速裁程序的案件可以由审判员一人独任审判。

高级人民法院审判第一审案件,应当由审判员三人至七人或者由审判员和人民陪审员共三人或者七人组成合议庭进行。

最高人民法院审判第一审案件,应当由审判员三人至七人组成合议庭进行。

人民法院审判上诉和抗诉案件,由审判员三人或者五人组成合议庭进行。

合议庭的成员人数应当是单数。

第一百九十条 开庭的时候,审判长查明当事人是否到庭,宣布案由;宣布合议庭的组成人员、书记员、公诉人、辩护人、诉讼代理人、鉴定人和翻译人员的名单;告知当事人有权对合议庭组成人员、书记员、公诉人、鉴定人和翻译人员申请回避;告知被告人享有辩护权利。

被告人认罪认罚的,审判长应当告知被告人享有的诉讼权利和认罪认罚的法律规定,审查认罪认罚的自愿性和认罪认罚具结书内容的真实性、合法性。

第一百九十四条 证人作证,审判人员应当告知他要如实地提供证言和有意作伪证或者隐匿罪证要负的法律责任。公诉人、当事人和辩护人、诉讼代理人经审判长许可,可以对证人、鉴定人发问。审判长认为发问的内容与案件无关的时候,应当制止。

审判人员可以询问证人、鉴定人。

第一百九十七条 法庭审理过程中,当事人和辩护人、诉讼代理人有权申请通知新的证人到庭,调取新的物证,申请重新鉴定或者勘验。

公诉人、当事人和辩护人、诉讼代理人可以申请法庭通知有专门知识的人出庭,就鉴定人作出的鉴定意见提出意见。

法庭对于上述申请,应当作出是否同意的决定。

第二款规定的有专门知识的人出庭,适用鉴定人的有关规定。

第一百九十八条 法庭审理过程中,对于定罪、量刑有关的事实、证据都应当进行调查、辩论。

经审判长许可,公诉人、当事人和辩护人、诉讼代理人可以对证据和案件情况发表意见并且可以互相辩论。

审判长在宣布辩论终结后,被告人有最后陈述的权利。

(二)适用情形

诉讼代理人在此环节相当于法庭中的“书记员”的角色需要,对庭审中的情况进行详细记录,特别是诉讼代理人、公诉机关与被告人及辩护人矛盾争议焦点部分要做详细地记录,此环节有助于庭后对全案进行复盘和整理,保障诉讼代理人及被害人的诉讼权利,也有助于完成诉讼代理人代理意见,形成完善的代理意见。

二、庭审情况记录

庭审情况记录

第×次庭审　　　记录人:×××

开庭时间		开庭地点	
简易程序		普通程序	
是否公开审理			
审判长/审判员			
人民陪审员			
书记员			
公诉人			
被告人			
被告辩护律师			
一、开庭	(一)核对基本信息		
	1.核对被告人基本信息:(姓名、出生日期、民族、籍贯、文化程度、职业、国籍、住址等)		

续表

一、开庭	概要	
	2. 被告人是否受法律处分（何时、何事、按何种法律处分）	
	概要	
	3. 核对被告人被羁押情况	
	概要	
	（二）诉讼权利	
	概要	
二、法庭调查	（一）起诉书指控的罪名及被告人犯罪事实意见	
	概要	
	（二）法庭发问阶段	
	1. 公诉人对被告人发问概要	
	概要	
	2. 辩护人对被告人发问概要	
	概要	
	3. 审判长（审判员）发问概要	
	概要	
	（三）举证、质证阶段	
	1. 公诉人举证，被告人及辩护人质证	
	2. 诉讼代理人补充刑事证据、举证附带民事赔偿	
	（四）证人出庭作证 [审判长：传证人×××到庭：核实证人的身份，向证人告知出庭作证相关权利义务，告知其在保证书上签字。向证人发问（哪方申请的证人就由哪方先发问）]	
	概要	
	（五）被告人/辩护人举证情况	
	概要	
	（六）当事人和辩护人、诉讼代理人申请通知新的证人到庭，调取新的证据，申请重新鉴定或勘验、检查。	
	概要	
三、法庭辩论		
四、被告人最后陈述		

第十四节 诉讼代理人质证意见

一、基础知识

(一)法律依据

《中华人民共和国刑事诉讼法》第五十条 可以用于证明案件事实的材料,都是证据。

证据包括:(一)物证;(二)书证;(三)证人证言;(四)被害人陈述;(五)犯罪嫌疑人、被告人供述和辩解;(六)鉴定意见;(七)勘验、检查、辨认、侦查实验等笔录;(八)视听资料、电子数据。

证据必须经过查证属实,才能作为定案的根据。

第一百九十八条 法庭审理过程中,对与定罪、量刑有关的事实、证据都应当进行调查、辩论。

经审判长许可,公诉人、当事人和辩护人、诉讼代理人可以对证据和案件情况发表意见并且可以互相辩论。

审判长在宣布辩论终结后,被告人有最后陈述的权利。

(二)适用情形

刑事诉讼庭审过程中,对认定被告人定罪量刑的主要依据是刑事证据,证据诉讼地位不言而喻。诉讼代理人根据己方掌握的事实与证据内容,对被告人及其辩护人提供的证据咨询、解释等方式进行质疑,进而削弱对方证据证明力,达到庭审局面有利于被害人的效果。

诉讼代理人质证意见主要是围绕着证据种类、证据的合法性、证据的客观性、证据的关联性、证明目的、证明效果、证明标准审查意见、证据之间是否可以相互联系、证据之间是否有矛盾九个方面来发表意见,与诉讼代理人质证目录的内容是一致的,质证意见是质证目录的文字版本,庭审时诉讼代理人应细致丰富地陈述对被告人及辩护人提供地证据的质证意见,但书面质证意见要达到多方论证且需简明扼要,诉讼代理人质证方向和思考如下:

1. 证据种类是《中华人民共和国刑事诉讼法》中明确规定八种法定证据种

类,特别要注意的是质证时审查该组证据是否属于法定证据种类;

2. 证据的合法性既要对该组证据程序即收集方式合法性审查,还要注意审查该组证据内容的合法性;

3. 证据客观性是指该组证据是能够证明已经发生的案件事实客观存在的事实材料,而非主观推理判断得来的;

4. 证据关联性是指被告人或辩护人提供的证据材料与本案存在一定的联系;

6. 证据证明目的、证明效果、证明标准审查是指对被告人或辩护人举证用以证明事实的目的和作用,其是为完成查明案件事实的任务;

7. 证据之间是否可以相互联系、证据之间是否有矛盾要求被害人及其诉讼代理人全面把握案情事实及相关案卷证据、材料,在被告人和辩护人的证据与本案的事实或其他证据有关联性或矛盾点时能够进行质证。

二、诉讼代理人质证意见

诉 讼 代 理 人 质 证 意 见

——×××涉嫌×××罪一案

尊敬的审判长、审判员:

×××涉嫌×××罪一案正在贵院审理过程中。作为本案被害人×××的诉讼代理人,×××律师事务所×××律师认真查阅了本案证据,研究了与之有关的相关法律法规、标准、规则,结合庭审情况,对被告人×××辩护律师提交中的证据材料,提出如下质证意见,请法庭在合议时充分考虑。

(一)关于被告人×××辩护律师提交的第一组证据的质证意见

1. 审查该组证据是否属于法定证据种类;

2. 对该组证据合法性审查意见;

言词证据:询问时间、地点、询问人身份、人数、方式,以及对笔录的制作、修改是否符合法律、有关规定。特别注意特殊人群的询问:盲聋哑人、少数民族、外国人、未成年人。

鉴定意见:鉴定机构和鉴定人是否具有相应资质,鉴定人是否存在应当回避的情形,检材的来源、取得、保管、送检,以及鉴定程序是否符合法律、有关规定。

物证、书证:收集程序、方式是否符合法律、有关规定,勘验、检查、辨认、侦查实验等行为是否依法进行，笔录的制作是否符合法律、有关规定，勘验、检察人员和见证人是否签名或者盖章。

3. 对该组证据客观性审查意见；

4. 对该组证据关联性审查意见；

5. 对该组证据证明目的、证明效果、证明标准审查意见。

（二）关于被告人×××辩护律师提交的第二组证据的质证意见

1. 审查该组证据是否属于法定证据种类；

2. 对该组证据合法性审查意见；

言词证据：询问时间、地点、询问人身份、人数、方式，以及对笔录的制作、修改是否符合法律、有关规定。特别注意特殊人群的询问：盲聋哑人、少数民族、外国人、未成年人。

鉴定意见：鉴定机构和鉴定人是否具有相应资质，鉴定人是否存在应当回避的情形，检材的来源、取得、保管、送检，以及鉴定程序是否符合法律、有关规定。

物证、书证：收集程序、方式是否符合法律有关规定，勘验、检查、辨认、侦查实验等行为是否依法进行，笔录的制作是否符合法律有关规定，勘验、检察人员和见证人是否签名或者盖章。

3. 对该组证据客观性审查意见；

4. 对该组证据关联性审查意见；

5. 对该组证据证明目的、证明效果、证明标准审查意见。

（三）关于被告人辩护律师提交的证据之间联系

1. 证据之间是否可以相互联系；

2. 证据之间是否有矛盾。

综上，对于被告人×××辩护律师提供的证据之间：

（略）

此致

×××人民法院

诉讼代理人：×××

×××律师事务所（印章）

××××年×× 月××日

第八章 其他材料

第一节 控告书

一、基础知识

(一)法律依据

《中华人民共和国刑事诉讼法》第十四条 人民法院、人民检察院和公安机关应当保障犯罪嫌疑人、被告人和其他诉讼参与人依法享有的辩护权和其他诉讼权利。

诉讼参与人对于审判人员、检察人员和侦查人员侵犯公民诉讼权利和人身侮辱的行为,有权提出控告。

第四十九条 辩护人、诉讼代理人认为公安机关、人民检察院、人民法院及其工作人员阻碍其依法行使诉讼权利的,有权向同级或者上一级人民检察院申诉或者控告。人民检察院对申诉或者控告应当及时进行审查,情况属实的,通知有关机关予以纠正。

第一百一十条 任何单位和个人发现有犯罪事实或者犯罪嫌疑人,有权利也有义务向公安机关、人民检察院或者人民法院报案或者举报。

被害人对侵犯其人身、财产权利的犯罪事实或者犯罪嫌疑人,有权向公安机关、人民检察院或者人民法院报案或者控告。

公安机关、人民检察院或者人民法院对于报案、控告、举报,都应当接受。对于不属于自己管辖的,应当移送主管机关处理,并且通知报案人、控告人、举报人;对于不属于自己管辖而又必须采取紧急措施的,应当先采取紧急措施,然后移送主管机关。

犯罪人向公安机关、人民检察院或者人民法院自首的,适用第三款规定。

第一百一十七条 当事人和辩护人、诉讼代理人、利害关系人对于司法机关及其工作人员有下列行为之一的，有权向该机关申诉或者控告：

（一）采取强制措施法定期限届满，不予以释放、解除或者变更的；

（二）应当退还取保候审保证金不退还的；

（三）对与案件无关的财物采取查封、扣押、冻结措施的；

（四）应当解除查封、扣押、冻结不解除的；

（五）贪污、挪用、私分、调换、违反规定使用查封、扣押、冻结的财物的。

受理申诉或者控告的机关应当及时处理。对处理不服的，可以向同级人民检察院申诉；人民检察院直接受理的案件，可以向上一级人民检察院申诉。人民检察院对申诉应当及时进行审查，情况属实的，通知有关机关予以纠正。

（二）适用情形

基于合法权益受到侵害，控告人为维护合法权益提供给有关机关书面材料。《控告书》要能够让办案人员清晰了解案件情况，能极大程度地减少办案人员工作量并有利于实现控告目标。

控告书包括控告人与被控告人基本情况、控告请求以及事实与理由三部分。特别强调控告请求应具体且不能有遗漏，要把控告人的控告目的明确扼要地写出来。以下事实和理由主要围绕“控告请求”进行陈述，与控告情况相关的法律规定应附上。

（三）申请对象

公安机关、人民检察院、人民法院。

二、控告书

控告书

控告人：×××，性别：×，出生日期：××××年××月××日，身份证号：××××××××××××××××××，联系方式：××××××××住址：××××××××

被控告人：×××，性别：×，出生日期：××××年××月××日，身份证号：××××××××××××××××××，联系方式：××××××××住址：××××××××

控告请求

（注意不要遗漏）

事实与理由

1. 被控告人相关事实：写明犯罪嫌疑人犯罪的时间、地点、侵害的客体、目的、动机、情节、手段、造成的后果等事实要素。

2. 控告的理由及法律依据：写明犯罪嫌疑人犯罪行为构成的罪名和法律依据。

综上所述：

（略）

此致

×××公安局/检察院/人民法院

控告人：×××

××××年××月××日

第二节 申诉书

一、基础知识

（一）法律依据

《中华人民共和国刑事诉讼法》第二百五十二条 当事人及其法定代理人、近亲属，对已经发生法律效力的判决、裁定，可以向人民法院或者人民检察院提出申诉，但是不能停止判决、裁定的执行。

第二百五十三条 当事人及其法定代理人、近亲属的申诉符合下列情形之一的，人民法院应当重新审判：

（一）有新的证据证明原判决、裁定认定的事实确有错误，可能影响定罪量刑的；

（二）据以定罪量刑的证据不确实、不充分、依法应当予以排除，或者证明案件事实的主要证据之间存在矛盾的；

（三）原判决、裁定适用法律确有错误的；

（四）违反法律规定的诉讼程序，可能影响公正审判的；

（五）审判人员在审理该案件的时候，有贪污受贿，徇私舞弊，枉法裁判行为的。

(二)适用情形

对已生效的法律文书,被害人及其诉讼代理人认为法律文书确有错误的,以《申诉书》的形式向人民法院或人民检察院申请刑事再审。

刑事申诉是对已生效文书成事实的救济途径,一般情况是被害人及诉讼代理人“认为”有误既可提出申诉,对于符合《中华人民共和国刑事诉讼法》第二百五十三条规定的五种情形,人民法院应当启动申诉程序。

(三)申请对象

人民检察院、人民法院。

二、申诉书

申诉书

申诉人:×××,性别:×,出生日期:××××年××月××日,身份证号:××××××××××××××××××,住址:××××××××,联系电话:××××××××。

申诉人因不服×××人民法院(××××)×××号刑事判决书,依据《中华人民共和国刑事诉讼法》第二百五十二条、第二百五十三条之规定,提出申诉。

申请事项

依法撤销×××人民法院(××××)×××号刑事判决书(以下称“判决”),对本案进行再审,并依法改判。

事实与理由

有新的证据证明原判决认定的案件基本事实确有错误,影响原案被告人定罪量刑;(详见证据清单1)

具体事实:

(略)

原判决中据以定罪量刑的证据不确实、不充分、依法应当予以排除,或证明案件事实的主要证据之间存在矛盾;(详见证据清单2)

具体事实:

(略)

原判决、裁定适用法律确有错误;(详见证据清单3)

具体事实:

（略）

原判决严重违反《刑事诉讼法》规定的诉讼程序，导致案件基本事实认定错误，影响公正裁判；（详见证据清单4）

具体事实：

（略）

有证据证明原判决审判人员在审理该案件的时候，有贪污受贿，徇私舞弊，枉法裁判行为；（详见证据清单5）

具体事实：

（略）

综上，本案有新的证据证明，原判决认定的基本事实情况确有错误，与实际事实严重不符，导致对被告人量刑畸轻。该案在审理过程中存在审判人员索贿受贿的事实，影响本案公正审判；原判决严重违反《中华人民共和国刑事诉讼法》规定的诉讼程序，影响公正裁判。恳请贵院依据《中华人民共和国刑事诉讼法》第二百五十二条、第二百五十三条之规定重新审理并依法改判。

此致

×××人民法院

（附证据材料目录）

申诉人：×××

××××年××月××日

第三节 刑事和解协议

一、基础知识

（一）法律依据

《中华人民共和国刑事诉讼法》第二百八十八条 下列公诉案件，犯罪嫌疑人、被告人真诚悔罪，通过向被害人赔偿损失、赔礼道歉等方式获得被害人谅解，被害人自愿和解的，双方当事人可以和解：

（一）因民间纠纷引起，涉嫌刑法分则第四章、第五章规定的犯罪案件，可能判处三年有期徒刑以下刑罚的；

（二）除渎职犯罪以外的可能判处七年有期徒刑以下刑罚的过失犯罪案件。

犯罪嫌疑人、被告人在五年以内曾经故意犯罪的，不适用本章规定的程序。

第二百八十九条 双方当事人和解的，公安机关、人民检察院、人民法院应当听取当事人和其他有关人员的意见，对和解的自愿性、合法性进行审查，并主持制作和解协议书。

第二百九十条 对于达成和解协议的案件，公安机关可以向人民检察院提出从宽处理的建议。人民检察院可以向人民法院提出从宽处罚的建议；对于犯罪情节轻微，不需要判处刑罚的，可以作出不起诉的决定。人民法院可以依法对被告人从宽处罚。

（二）适用情形

犯罪嫌疑人/被告人真诚悔罪，诉讼代理人可向被害人阐述刑事和解的相关内容，经被害人同意，诉讼代理人拟定协议刑事和解，报检察院或法院存档。刑事和解在司法中糅合了更多的当事人自愿原则，进而较大程度影响刑事司法活动内容和结果。

（三）申请对象

人民检察院、人民法院。

二、刑事和解协议

×××涉嫌×××罪一案 刑事和解协议

甲方[①]：×××，性别：×，出生日期：××××年××月××日，身份证号：××××××××××××××××××，联系方式：××××××××住址：××××××××

乙方[②]：×××，性别：×，出生日期：××××年××月××日，身份证号：××××××××××××××××××，联系方式：××××××××住址：××××××××

××××年××月××日，犯罪嫌疑人（本案基本事实情况）。犯罪嫌疑人×××因涉嫌×××一案被（强制措施）。

---

①犯罪嫌疑人被/告人

②被害人/近亲属

乙方对甲方真诚悔罪态度予以认可,并表示谅解。双方在平等自愿、协商一致的基础上,就民事赔偿和刑事谅解以及其他相关事宜达成如下协议:

1. 甲方自愿一次性赔偿乙方(包括但不限于医疗费、误工费、护理费、精神损害赔偿金等)损失共计人民币××××元(大写:××××圆整),付款时间为××××年××月××日;

2. 乙方收到甲方支付上述款项后,乙方另行出具收到赔偿款的收据;

3. 本协议为本次损害赔偿的终结性赔偿协议,乙方不再追究甲方的任何民事责任,乙方不得就本次的损害赔偿事宜再次向甲方或者其他个人、组织单位提出赔偿要求;

4. 乙方本着化解矛盾的原则,在收到上述赔偿款的同时,对甲方的违法犯罪行为予以谅解,同意请求司法机关对本案作调解处理,并出具谅解书,向司法机关提出从轻、减轻追究甲方刑事责任的意见;

5. 本协议自甲、乙双方签字后生效。本协议一式×份,甲持有×份,乙方持有×份,呈交××存档×份。

甲方:××× 乙方:×××

××××年××月××日 ××××年××月××日

第四节 刑事谅解书

一、基础知识

(一)法律依据

《中华人民共和国刑事诉讼法》第二百八十八条 下列公诉案件,犯罪嫌疑人、被告人真诚悔罪,通过向被害人赔偿损失、赔礼道歉等方式获得被害人谅解,被害人自愿和解的,双方当事人可以和解:

(一)因民间纠纷引起,涉嫌刑法分则第四章、第五章规定的犯罪案件,可能判处三年有期徒刑以下刑罚的;

(二)除渎职犯罪以外的可能判处七年有期徒刑以下刑罚的过失犯罪案件。

犯罪嫌疑人、被告人在五年以内曾经故意犯罪的，不适用本章规定的程序。

第二百九十条 对于达成和解协议的案件，公安机关可以向人民检察院提出从宽处理的建议。人民检察院可以向人民法院提出从宽处罚的建议；对于犯罪情节轻微，不需要判处刑罚的，可以作出不起诉的决定。人民法院可以依法对被告人从宽处罚。

（二）适用情形

刑事谅解书，一般是刑事案件中的被害人及其家属与犯罪嫌疑人/被告人及其家属之间就刑事案件的结果达成和解后，被害人一方出具的法律性质的书面文件。刑事谅解书需符合《中华人民共和国刑事诉讼法》第二百八十八条规定的条件。

刑事谅解书是影响量刑的酌定情节，因此诉讼代理人在被害人已得到犯罪嫌疑人/被告人充分的歉意和赔偿之后，应对被害人说明其出具的谅解书具有酌情减轻犯罪嫌疑人/被告人处罚的效果。

（三）申请对象

人民检察院、人民法院。

二、刑事谅解书

刑事谅解书

——×××涉嫌×××罪一案

谅解人：×××，性别：×，出生日期：××××年××月××日，身份证号：××××××××××××××××××，住址：××××××××，联系电话：××××××××。

系×××涉嫌×××罪一案中被害人本人/亲属。

犯罪嫌疑人/犯罪嫌疑人近亲属：×××，性别：×，出生日期：××××年××月××日，身份证号：××××××××××××××××××，住址：××××××××，联系电话：××××××××。

××××年××月××日，（描述本案基本经过）。×××因涉嫌×××罪被（强制措施）。

×××及其家属在诚恳表示歉意后，积极与谅解人协商后续和解事宜，经双方协商一致后自愿达成如下和解协议：

谅解人愿意接受犯罪嫌疑人×××家属的赔偿，现已收到犯罪嫌疑人赔偿款×××人民币（大写：×××圆整）。

在协商过程中，×××及其家属已深刻意识到其违法行为给谅解人带来的重大影响及对社会造成的不良影响。考虑到犯罪嫌疑人、犯罪嫌疑人家属也多次表示愿意在力所能及范围内予以赔偿，谅解人愿意对犯罪嫌疑人予以谅解，自愿不再追究其刑事责任，并请求本着“教育为主，惩罚为辅”的原则，给予×××一个重新做人改过自新的机会，对其尽量予以从轻处理，让他早日回归社会。

本《刑事谅解书》一式三份。谅解人及×××各持一份，提交办案机关留存一份，具有同等法律效力。

谅解人：×××

××××年 ××月 ××日

后 记

经过数个通宵达旦，终于实现圆满收工。在此，感谢教育部、感谢辽宁科技大学、感谢吉林省艾萨克科技有限公司、感谢相信未来专业法律团队的李然、高士博、赵端阳、闫蕾四位律师。同时，也要感谢所有为此书出版提供帮助的朋友们。

本文作者系辽宁科技大学法学教师，一直致力于刑事理论与实际的研究。作者撰写此书着眼于刑事代理业务规范化，旨为刑事业务的同仁及相关教学工作者提供具有一定参考意义的材料。虽然这本书探讨了刑事代理文书以及刑事代理业务的规范化，但并不意味着此书具有绝对权威性。

在律师业务中，刑事文书是与司法机关沟通的重要桥梁，传递着法理、思考、情感、能力与法治。规范化的刑事文书不仅是一种促进方式，更是节省沟通成本、提升效率的必要条件。愿教育部产学合作协同育人项目越办越好，法律教学质量逐步提高，法治建设稳步前行！祝愿祖国的强国梦早日实现！

蒋喆

2023年2月